Seni Baking Perancis

100 Resipi dan Teknik untuk Tradisi Masakan Perancis

Jane Hazimie

Bahan Hak Cipta ©2024

Hak cipta terpelihara

Tiada bahagian buku ini boleh digunakan atau dihantar dalam apa jua bentuk atau dengan apa cara sekalipun tanpa kebenaran bertulis yang sewajarnya daripada penerbit dan pemilik hak cipta, kecuali petikan ringkas yang digunakan dalam semakan. Buku ini tidak boleh dianggap sebagai pengganti nasihat perubatan, undang-undang atau profesional lain.

ISI KANDUNGAN

ISI KANDUNGAN..3
PENGENALAN...8
SARAPAN PAGI...9
1. CRÊPES SUZETTE..10
2. TELUR BERACUAN/ MOLLET OEUFS................................12
3. CRÊPES FOURRÉES ET FLAMBÉES.................................14
4. TELUR SHIRRED/OEUFS SUR LE PLAT.............................16
5. TELUR DADAR CENDAWAN DIPARUT DENGAN SOS KEJU...........18
6. OEUFS EN PÖLYE..21
7. TELUR DIBAKAR DALAM RAMEKINS/OEUFS EN COCOTTE A LA CRÈME..23
8. CRÊPES ROULÉES ET FARCIES.....................................25
9. GÂTEAU DE CRÊPES DAN LA FLORENTINE.......................28
10. GÂTEAU DE CRÊPES DAN LA NORMANDE......................31
11. CRÊPES DE POMMES DE TERRE / PANCAKE KENTANG PARUT...33
12. B ANANA CREME CRÊPE S..36
13. CHERRY CRÊPE S..38
14. KUMQUAT-PECAN CRÊPE S..40
15. BUAH TROPIKA CRÊPE S..43
16. LEMON CRÊPE S...45
17. CRÊPES DENGAN SOS BUAH CHABLIS..........................48
18. AMBROSIA CRÊPE S..51
19. BERRY CRÊPES DENGAN SOS OREN............................53
20. CROISSANT ASAS...55

21. CROISSANT KLASIK..60
22. CROISSANT ROTI BULU..63
23. CROISSANT JELAPANG..67
24. CROISSANT CIP COKLAT...70
25. CROISSANT ECLAIR PISANG...73
26. COKLAT GELAP MALTED PUDING ROTI CROISSANT...................75
27. COKLAT ALMOND CROISSANT ÉCLAIRS.........................77
28. BERSALUT COKLAT CROISSANT STRAWBERI.................80
HIDANGAN UTAMA...82
29. SUPRÊMES DE VOLAILLE A BLANC...................................83
30. RISOTTO...86
31. HARICOTS VERTS AU MAÎTRE D'HÔTEL............................88
32. TERRINE DE PORC, VEAU, ET JAMBON.............................90
33. ÉPINARDS AU JUS; ÉPINARDS A LA CRÈME....................95
34. CAROTTES ÉTUVÉES AU BEURRE / LOBAK MERAH DIREBUS DALAM MENTEGA...98
35. CHAMPIGNONS FARCIS / CENDAWAN SUMBAT.............100
36. ESCALOPES DE VEAU SAUTÉES A L'ESTRAGON...........103
37. ESCALOPE DE VEAU GRATINÉES......................................106
38. FOIES DE VOLAILLE SAUTÉS, MADEIRE..........................109
39. TIMBALE DE FOIES DE VOLAILLE / ACUAN HATI AYAM...........112
40. CANARD A L'OREN / ITIK PANGGANG DENGAN SOS OREN......115
41. CANARD A LA MONTMORENCY..120
42. HOMARD A L'AMÉRICAINE...123
43. POTEE NORMANDE: POT-AU-FEU.....................................127
44. FILETS DE POISSON EN SOUFFLÉ....................................131

45. CASSOULET..134

46. COULIBIAC DE SAUMON EN CROÛTE........................139

47. VEAU SYLVIE...144

48. FILETS DE SOLE SYLVESTRE....................................149

49. RIZ ETUVÉ AU BEURRE...153

50. RISOTTO DAN LA PIÉMONTAISE...............................156

51. SAUTÉ DE VEAU (OU DE PORC) AUX CHAMPIGNONS..............158

52. BOUILLABAISSE A LA MARSEILLAISE / CHOWDER IKAN MEDITERRANEAN...160

53. SALPICÓN DE VOLAILLE...164

54. POULET GRILLÉ AU NATUREL / AYAM BAKAR BIASA..............166

55. POULET GRILLÉ A LA DIABLE...................................169

56. POIS FRAIS EN BRAISAGE / KACANG KACANG REBUS DENGAN SALAD..171

57. POTAGE CRÈME DE CRESSON / KRIM SUP SELADA AIR..........173

58. NAVARIN PRINTANIER / REBUS KAMBING DENGAN LOBAK MERAH...176

59. OIE BRAISÉE AUX PRUNEAUX / ANGSA REBUS DENGAN SUMBAT PRUN...181

60. ROGNONS DE VEAU EN CASSEROLE / BUAH PINGGANG DALAM MENTEGA..185

61. ROGNONS DE VEAU FLAMBÉS / BUAH PINGGANG TUMIS FLAMBÉ...188

62. CARBONNADE DE BOEUF DAN LA PROVENÇALE...................191

63. DAUBE DE BOEUF DAN LA PROVENÇALE...........................194

64. POTAGE PARMENTIER / LEEK ATAU SUP BAWANG DAN KENTANG..198

65. VELOUTÉ DE VOLAILLE DAN LA SÉNÉGALAISE..................200

SALAD DAN SISI...203

66. SALADE MIMOSA / SALAD DENGAN VINAIGRETTE, TELUR DIAYAK DAN HERBA...204

67. POMMES DE TERRE A L'HUILE / SALAD KENTANG PERANCIS...206

68. SALADE NIÇOISE...208

69. GRATIN DAUPHINOIS / SCALLOPED POTATOES ATAU GRATIN 210

70. GRATIN DE POMMES DE TERRE ET SAUCISSON.......................212

71. PURÉE DE POMMES DE TERRE A L'AIL......................................214

72. CONCOMBRES PERSILLÉS, OU A LA CRÈME / TIMUN BERKRIM 217

73. NAVETS A LA CHAMPENOISE / TURNIP DAN KASEROL BAWANG 219

74. ASPARAGUS..222

75. ARTICHAUTS AU NATUREL / ARTICOK REBUS SELURUH..........224

76. RATATOUILLE...227

77. MOUSSAKA...230

78. LAITUES BRAISÉES / BRAISED LETTUCE...................................233

79. CHOUCROUTE BRAISÉE A L'ALSACIENNE / SAUERKRAUT REBUS 237

80. CHAMPIGNONS SAUTÉS AU BEURRE / CENDAWAN TUMIS.....240

81. SOS HOLLANDAISE MOCK (BÂTARDE).....................................242

82. KRIM ANGLAISE (SOS KASTARD PERANCIS)............................244

83. CENDAWAN BERKRIM...246

84. SOS MOUSSELINE SABAYON..248

PENJERAHAN..250

85. PATE FEUILLETÉE / PASTRI PUFF PERANCIS............................251

86. VOL-AU-VENT / CANGKANG PATTY BESAR..............................254

87. KRIM CHANTILLY / KRIM DIPUKUL RINGAN............................257

88. CRÈME RENVERSÉE AU KARAMEL / KASTARD KARAMEL BERACUAN...259

89. FLAMING SOUFFLÉ / CRÈME ANGLAISE...................261

90. CHARLOTTE MALAKOFF AU CHOCOLAT.......................263

91. POIRES AU GRATIN / PEAR DIBAKAR DENGAN WAIN.............268

92. TIMBALE AUX ÉPINARDS / KASTARD BAYAM MOULD.............270

93. TIMBALE AU JAMBON / KASTARD HAM MOULD.....................273

94. BISKUT ATAU COKLAT / KEK SPONGE COKLAT.......................276

95. CRÈME AU BEURRE À L'ANGLAISE / KRIM MENTEGA KASTARD 280

96. TARTE AUX POMMES / TART EPAL PERANCIS........................283

97. BISKUT ROULÉ A L'ORANGE ET AUX AMANDES......................285

98. FARCE AUX FRAISES CIO-CIO-SAN..289

99. MERINGUE ITALI...292

100. CRÈME AU BEURRE À LA MERINGUE / KRIM MENTEGA MERINGUE..295

KESIMPULAN..299

PENGENALAN

Pembakar Perancis terkenal di seluruh dunia kerana rasa yang halus, teknik yang rumit dan warisan budaya yang kaya. Daripada croissant mentega di kafe Paris hingga macaron Ladurée yang elegan, pastri Perancis membangkitkan rasa keseronokan dan kecanggihan. Dalam penerokaan baking Perancis ini, kami menyelidiki sejarah, kaedah dan ramuan yang menjadikannya tradisi masakan yang dihargai. Sama ada anda seorang tukang roti yang berpengalaman atau baru bermula, sertai kami dalam pengembaraan melalui dunia patisserie Perancis yang menggoda

SARAPAN PAGI

1. Crêpes Suzette

BAHAN-BAHAN:

- 3 cawan mentega oren
- Hidangan yang melecet
- 18 crêpes masak, diameter 5 hingga 6 inci
- 2 sudu besar gula pasir
- ⅓ cawan setiap minuman keras oren dan cognac

ARAHAN:

a) Panaskan mentega oren dalam hidangan yang melecet sehingga menggelegak dan adunan sedikit karamel—ini akan mengambil masa beberapa minit.
b) Celupkan kedua-dua belah crêpe dalam mentega panas, lipat crêpe pada separuh bahagian terbaiknya, dan separuh lagi untuk membentuk bentuk baji.
c) Letakkan di sisi hidangan dan ulangi dengan cepat dengan baki crêpes.
d) Taburkan 2 sudu besar gula ke atas crêpes, dan tuangkan ke atas likur. Goncang kuali perlahan-lahan semasa minuman keras dipanaskan, dan jika ia tidak menyala secara automatik, nyalakan dengan mancis.
e) Sudukan minuman keras di atas crêpes sehingga api padam. Hidangkan di atas pinggan yang sangat panas.

2. Telur Beracuan/ Mollet Oeufs

BAHAN-BAHAN:
- 4 biji telur
- garam
- Lada
- Roti bakar atau roti, untuk dihidangkan

ARAHAN:
a) Isi periuk bersaiz sederhana dengan air dan biarkan ia mendidih dengan api yang tinggi.
b) Perlahan-lahan turunkan telur ke dalam air mendidih menggunakan sudu berlubang.
c) Kecilkan api kepada sederhana-rendah dan biarkan telur mereneh selama 6 minit untuk kuning yang lembut dan cair, atau 7 minit untuk kuning yang lebih pejal.
d) Semasa telur masak, sediakan semangkuk air ais.
e) Selepas masa memasak yang dikehendaki, pindahkan telur dari periuk ke dalam mangkuk berisi air ais dengan teliti menggunakan sudu berlubang.
f) Biarkan telur di dalam air ais selama kira-kira 2 minit untuk menyejukkan dan menghentikan proses memasak.
g) Setelah sejuk, ketuk perlahan-lahan telur pada permukaan keras untuk memecahkan cangkerang, kemudian kupas kulitnya.
h) Taburkan telur yang telah dikupas dengan garam dan lada sulah secukup rasa.
i) Hidangkan Oeufs Mollets serta-merta dengan roti bakar atau roti di sisi untuk dicelup.

3. Crêpes Fourrées Et Flambées

BAHAN-BAHAN:
- ½ cawan badam yang ditumbuk halus (anda boleh menggunakan pengisar elektrik untuk ini)
- ¼ sudu teh ekstrak badam
- 1 cawan mentega oren (resipi sebelumnya)
- 18 crêpes masak, diameter 5 hingga 6 inci
- Hidangan hidangan pembakar yang disapu sedikit mentega
- 3 sudu besar gula pasir
- ⅓ cawan setiap minuman keras oren dan cognac yang dipanaskan dalam periuk kecil

ARAHAN:
a) Pukul badam dan ekstrak badam ke dalam mentega oren.

b) Sapukan satu sudu adunan ini pada sepertiga bahagian bawah setiap crêpe, gulung ke dalam silinder, dan susun dalam hidangan pembakar dan hidangan yang disapu sedikit mentega.

c) Tutup dan sejukkan sehingga sedia untuk digunakan. Kira-kira 15 minit sebelum dihidangkan, taburkan dengan gula dan bakar dalam sepertiga bahagian atas ketuhar yang dipanaskan 350 hingga 375 darjah sehingga topping gula mula menjadi karamel sedikit.

d) Sebelum dihidangkan, tuangkan pada minuman keras hangat dan bawa ke meja.

e) Nyalakan dengan mancis, dan sudukan minuman keras ke atas crêpes sehingga api padam.

4. Telur Shirred/Oeufs Sur Le Plat

BAHAN-BAHAN:
- ½ sudu besar mentega
- 1 atau 2 biji telur
- Garam dan lada

ARAHAN:
a) Pilih hidangan pembakar dan hidangan kalis api cetek kira-kira 4 inci diameter.
b) Letakkan hidangan di atas api sederhana atau dalam periuk air mendidih. Tambah mentega; bila dah cair, pecahkan 1 atau 2 biji telur.
c) Apabila bahagian bawah telur telah membeku dalam pinggan, keluarkan dari api, condongkan pinggan, dan lumurkan bahagian atas telur dengan mentega dalam hidangan.
d) Letakkan di atas loyang, dan seminit sebelum dihidangkan, tetapkan supaya permukaan telur adalah kira-kira 1 inci dari unsur ayam pedaging merah panas. Luncurkan hidangan keluar setiap beberapa saat, condongkan, dan lumurkan bahagian atas telur dengan mentega dalam hidangan.
e) Dalam masa kurang daripada satu minit, putih akan ditetapkan, dan kuning telur difilemkan dan berkilauan.
f) Keluarkan dari ketuhar, perasakan dengan garam dan lada sulah, dan hidangkan segera.

5. Telur Dadar Cendawan Diparut dengan Sos Keju

BAHAN-BAHAN:
- 1 cawan sos krim
- $\frac{1}{2}$ cawan keju Swiss parut kasar
- $\frac{1}{2}$ lb. cendawan dihiris, sebelum ini ditumis dalam mentega
- Sebuah periuk
- 3 biji telur
- Garam dan lada
- $1\frac{1}{2}$ sudu besar mentega
- Kuali telur dadar atau kuali tidak melekat berdiameter 7 inci di bahagian bawah
- Mangkuk pengadun dan garpu meja
- Pinggan hidangan kalis api yang hangat

ARAHAN:

a) Ke dalam sos krim kacau semua kecuali 2 sudu besar keju parut. Letakkan separuh cendawan dalam periuk, kacau dalam satu pertiga daripada sos, dan panaskan sejurus sebelum membuat telur dadar anda.

b) Apabila bersedia untuk membuat telur dadar, pukul telur, secubit besar garam dan secubit lada dalam mangkuk adunan dengan garpu sehingga kuning dan putih sebati—20 hingga 30 saat. Letakkan satu sudu mentega dalam kuali atau kuali omelet, letakkan di atas api yang tinggi, dan apabila mentega cair condongkan kuali ke semua arah untuk menyalut bahagian bawah dan tepi. Apabila buih mentega hampir surut, tuangkan telur.

c) Biarkan telur mengendap selama 3 atau 4 saat, kemudian genggam pemegang kuali dengan tangan kiri dan, gerakkan kuali dengan cepat ke depan dan belakang dengan api, kacau telur dengan rata garpu meja anda. Apabila telur telah membeku menjadi kastard yang sangat lembut, dalam kira-

kira 8 saat, sendukkan cendawan sos panas di bahagian tengah telur dadar pada sudut tepat ke pemegang kuali.

d) Angkat pemegang untuk mencondongkan kuali daripada anda, balikkan berhampiran hujung telur dadar ke atas inti dengan garpu, dan goncangkan kuali untuk meluncur omelet ke bibir kuali yang jauh.

e) Pusingkan kuali dan genggam pemegang dengan tangan kanan anda, ibu jari di atas. Pegang pinggan hidangan kalis api yang hangat di tangan kiri anda. Condongkan pinggan dan kuali bersama-sama pada sudut, letakkan bibir kuali di atas pinggan. Terbalikkan kuali telur dadar dengan cepat di atas pinggan, dan telur dadar akan jatuh ke tempatnya.

f) Sapukan baki cendawan di atas telur dadar, tutup dengan baki sos, taburkan dengan 2 sudu besar keju yang dikhaskan, dan titik dengan baki mentega.

g) Letakkan telur dadar dekat di bawah ayam daging merah panas selama kira-kira seminit, hingga keju perang dengan lembut.

h) Hidangkan sekaligus, diiringi dengan salad hijau, roti Perancis, dan wain putih kering atau bunga mawar.

6. Oeufs En Pölye

BAHAN-BAHAN:
- 2 cawan jeli daging berperisa wain
- 4 acuan bujur atau bulat, saiz $\frac{1}{2}$ cawan
- 4 biji telur rebus sejuk
- Cadangan hiasan:
- Daun tarragon segar dijatuhkan ke dalam air mendidih selama 30 saat
- Bulat atau bujur ham rebus
- Sekeping truffle atau foie gras, atau 4 Tb mousse hati

ARAHAN:
a) Tuangkan lapisan jeli $\frac{1}{8}$ inci ke dalam setiap acuan dan sejukkan sehingga set.
b) Celupkan daun tarragon, truffle atau ham ke dalam jeli yang hampir siap dan susun di atas jeli sejuk dalam setiap acuan; jika menggunakan foie gras atau mousse hati, letakkan hirisan atau sudu di atasnya.
c) Tutup dengan telur rebus sejuk, bahagian paling menarik di bawah. Isikan acuan dengan jeli sirap sejuk (jika jeli hangat, anda akan menanggalkan hiasan); sejuk selama sejam atau lebih, sehingga ditetapkan.
d) Buka acuan satu persatu, dengan mencelupkan ke dalam air panas, jalankan pisau dengan pantas di sekeliling tepi aspik, dan terbalikkan acuan ke atas pinggan, memberikan sentakan tajam ke bawah semasa anda melakukannya.

7. Telur Dibakar dalam Ramekins/Oeufs En Cocotte a La Crème

BAHAN-BAHAN:
- ½ sudu kecil mentega
- 2 sudu besar krim berat
- 1 atau 2 biji telur
- Garam dan lada

ARAHAN:

a) Panaskan ketuhar hingga 375 darjah.

b) Pilih pinggan mangkuk porselin atau kaca kalis api dengan diameter 2½ hingga 3 inci dan dalam kira-kira 1½ inci. Susun dalam kuali yang mengandungi ¾ inci air dan letakkan di atas penunu; masak air hingga mendidih.

c) Letakkan semua kecuali setitik mentega dalam ramekin; tambah satu sudu krim, dan pecahkan telur atau telur. Apabila putih telur telah mula menggumpal di bahagian bawah ramekin, tambahkan baki sudu krim, perasa dan titik mentega. Letakkan dalam sepertiga bahagian bawah ketuhar yang telah dipanaskan dan bakar selama 7 hingga 8 minit. Telur siap apabila baru ditetapkan, tetapi masih sedikit menggeletar.

d) Jika anda ingin menunggu sedikit sebelum dihidangkan, keluarkan dari ketuhar apabila kurang masak; mereka akan selesai memasak, dan kekal hangat di dalam air selama 10 hingga 15 minit. Perasakan dengan garam dan lada sulah sebelum dihidangkan.

8. Crêpes Roulées Et Farcies

BAHAN-BAHAN:
DAGING KERANG YANG BERKRIM
- 2 sudu besar mentega
- Kuali enamel atau tidak melekat 8 inci
- 3 Sb bawang merah atau daun bawang dikisar
- $1\frac{1}{2}$ cawan daging kerang yang dimasak atau dicincang dadu atau dicincang
- Garam dan lada
- $\frac{1}{4}$ cawan vermouth putih kering
- Mangkuk

SOS WING DAN KEJU
- ⅓ cawan vermouth putih kering
- 2 sudu besar tepung jagung dicampur dalam mangkuk kecil dengan 2 sudu besar susu
- $1\frac{1}{2}$ cawan krim pekat
- $\frac{1}{4}$ sudu kecil garam
- Lada putih
- $\frac{1}{2}$ cawan keju Swiss parut

MEMASANG DAN MEMBAKAR
- 12 crêpes masak, diameter 6 hingga 7 inci
- $\frac{1}{4}$ cawan keju Swiss parut
- 2 sudu besar mentega
- Hidangan pembakar yang disapu sedikit mentega

ARAHAN:

a) Panaskan mentega hingga menggelegak dalam kuali, masukkan bawang merah atau daun bawang, kemudian kerang. Tos dan kacau atas api sederhana tinggi selama 1 minit. Perasakan dengan garam dan lada sulah, kemudian masukkan vermouth dan rebus dengan cepat sehingga cecair hampir tersejat sepenuhnya. Kikis ke dalam mangkuk.

b) Masukkan vermouth ke dalam kuali dan rebus dengan cepat sehingga berkurang menjadi satu sudu besar. Keluarkan dari haba; masukkan bancuhan tepung jagung, krim, perasa. Reneh 2 minit, kacau, kemudian campurkan keju dan reneh seminit lagi. Perasa yang betul.

c) Campurkan separuh sos ke dalam kerang-kerangan, kemudian letakkan satu sudu besar campuran kerang-kerangan pada pertiga bahagian bawah setiap crêpe, dan gulungkan crêpe ke dalam bentuk silinder. Susun crêpes rapat-rapat dalam hidangan pembakar yang disapu sedikit mentega, sudukan ke atas sos yang lain, taburkan dengan keju, dan titik dengan kepingan mentega. Sejukkan sehingga anda bersedia untuk dibakar. Lima belas hingga 20 minit sebelum dihidangkan, tetapkan dalam sepertiga bahagian atas ketuhar 425 darjah yang telah dipanaskan sehingga panas menggelegak dan topping keju telah menjadi perang sedikit, atau panaskan dan perang di bawah ayam pedaging yang rendah.

9. Gâteau De Crêpes dan La Florentine

BAHAN-BAHAN:
SOS KRIM DENGAN KEJU, BAYAM DAN CENDAWAN
- 4 sudu besar mentega
- 5 sb tepung
- $2\frac{3}{4}$ cawan susu panas
- $\frac{1}{2}$ sudu kecil garam
- Lada dan buah pala
- $\frac{1}{4}$ cawan krim berat
- 1 cawan keju Swiss parut kasar
- $1\frac{1}{2}$ cawan bayam cincang yang telah dimasak
- 1 cawan keju krim atau keju kotej
- 1 biji telur
- 1 cawan cendawan segar yang dipotong dadu, sebelum ini ditumis dalam mentega dengan 2 sudu besar bawang merah cincang atau daun bawang

MEMASANG DAN MEMBAKAR
- 24 crêpes masak, diameter 6 hingga 7 inci
- Hidangan pembakar yang disapu sedikit mentega
- 1 sudu besar mentega

ARAHAN:
a) Untuk sos, cairkan mentega, kacau dalam tepung, dan masak perlahan-lahan selama 2 minit tanpa pewarna; keluarkan dari api, pukul susu, garam, dan lada sulah dan buah pala secukup rasa. Rebus, kacau, selama 1 minit, kemudian pukul dalam krim dan semua kecuali 2 sudu besar keju Swiss; reneh sekejap, kemudian betulkan perasa.

b) Kisar beberapa sudu sos ke dalam bayam dan betulkan perasa dengan teliti. Pukul keju krim atau keju kotej dengan telur, cendawan, dan beberapa sudu sos untuk membuat pes tebal; perasa yang betul.

c) Panaskan ketuhar hingga 375 darjah.
d) Pusatkan crêpe di bahagian bawah hidangan pembakar yang disapu mentega ringan, sapukan dengan bayam, tutup dengan crêpe, sapukan dengan lapisan campuran keju dan cendawan, dan teruskan dengan cara ini dengan baki crêpe dan 2 inti, mengakhiri busut dengan crêpe.
e) Tuangkan baki sos keju ke atas busut, taburkan dengan baki 2 sudu besar keju Swiss parut, dan titik dengan satu sudu mentega.
f) Sejukkan sehingga 30 hingga 40 minit sebelum dihidangkan, kemudian letakkan dalam sepertiga bahagian atas ketuhar yang telah dipanaskan sehingga panas menggelegak dan topping keju telah menjadi perang sedikit.

10. Gâteau De Crêpes dan La Normande

BAHAN-BAHAN:

- 4 hingga 5 cawan epal yang dihiris (kira-kira 2 lbs.)
- Loyang besar beralas berat
- ⅓ cawan gula pasir
- 4 sudu besar mentega cair
- 12 crêpes yang dimasak, diameter 5 hingga 6 inci
- Hidangan hidangan pembakar yang disapu sedikit mentega
- 6 hingga 8 makaroni basi, hancur
- Lebih banyak mentega cair dan gula dan cognac

ARAHAN:

a) Sapukan epal dalam loyang, taburkan gula dan mentega cair, dan letakkan di aras tengah ketuhar 350 darjah yang telah dipanaskan selama kira-kira 15 minit atau sehingga hirisan epal lembut.

b) Masukkan crêpe ke dalam hidangan pembakar dan hidangan yang telah disapu mentega, sapukan dengan lapisan hirisan epal, taburkan makaroni, dan dengan beberapa titik mentega dan cognac jika anda mahu.

c) Letakkan crêpe di atas, tutup dengan epal, dan teruskan dengan itu, berakhir dengan crêpe. Taburkan dengan mentega cair dan gula.

d) Kira-kira 30 minit sebelum dihidangkan, bakar di aras tengah ketuhar 375 darjah yang telah dipanaskan hingga panas menggelegak. Hidangkan seperti sedia ada, atau api seperti dalam resipi sebelumnya.

11. Crêpes De Pommes De Terre / Pancake kentang parut

BAHAN-BAHAN:
- 8 auns krim keju
- 3 sb tepung
- 2 biji telur
- $\frac{1}{2}$ sudu kecil garam
- $\frac{1}{8}$ sudu kecil lada
- 6 auns (1$\frac{1}{2}$ cawan) keju Swiss, potong dadu $\frac{1}{8}$ inci
- 2$\frac{1}{2}$ paun. kentang "membakar" (4 cawan apabila parut)
- 3 hingga 4 sudu besar krim berat
- Kuali 10 inci
- Kira-kira 1$\frac{1}{2}$ Tb mentega, lebih banyak jika perlu
- Kira-kira 1$\frac{1}{2}$ Tb minyak, lebih banyak jika perlu

ARAHAN:
a) Campurkan keju krim, tepung, telur, garam dan lada sulah dalam mangkuk adunan besar dengan garpu pengadun. Masukkan keju yang dipotong dadu.

b) Kupas kentang, parut melalui lubang besar parutan. Segenggam pada satu masa, putar kentang menjadi bola di sudut tuala dan keluarkan jus sebanyak mungkin.

c) Campurkan ke dalam keju dan telur, kemudian kacau dalam krim yang cukup untuk membuat campuran konsisten selada cole berkrim.

d) Panaskan mentega dan minyak dalam kuali, sendukkan dalam timbunan kecil atau besar adunan kentang kira-kira $\frac{3}{8}$ inci tebal. Masak di atas api yang sederhana tinggi selama 3 hingga 4 minit, sehingga buih muncul melalui adunan.

e) Kecilkan api sedikit, putar, dan masak 4 hingga 5 minit lagi di sisi lain. Jika tidak dihidangkan segera, susun dalam satu lapisan di atas loyang, dan biarkan tidak

bertutup. Rangup selama beberapa minit dalam ketuhar 400 darjah yang telah dipanaskan terlebih dahulu.
f) Hidangkan bersama daging panggang, stik, telur rebus atau goreng.

12. Banana creme Crêpes

BAHAN-BAHAN:
- 4 Pisang, guna dibahagikan
- Bekas 8 auns krim karamel
- Yogurt berperisa
- $\frac{1}{2}$ cawan Krim putar atau beku
- Topping putar tanpa tenusu,
- Dicairkan, ditambah tambahan untuk
- Hiaskan
- 6 Krêpe siap sedia
- Sirap maple atau coklat

ARAHAN:
a) Letakkan 2 pisang dalam pemproses makanan atau pengisar, dan kisar sehingga halus.
b) Masukkan yogurt, dan kisar. Masukkan topping putar.
c) Potong baki pisang menjadi syiling. Ketepikan, 12 keping untuk topping.
d) Letakkan Crêpe pada setiap pinggan hidangan: bahagikan campuran yogurt ke atas setiap Crêpe.
e) Bahagikan baki hirisan pisang dan krim putar atau topping.
f) Sirap sirap ke atas setiap crêpe.

13. Cherry Crêpes

BAHAN-BAHAN:
- 1 cawan krim masam
- ⅓ cawan gula perang, padat
- 1 cawan adunan biskut
- 1 biji telur
- 1 cawan Susu
- 1 tin inti Cherry pie
- 1 sudu teh ekstrak oren

ARAHAN:
a) Kisar krim masam dan gula perang, dan ketepikan. Satukan adunan biskut, telur dan susu.

b) Gaul hingga rata. Panaskan kuali 6" minyak.

c) Goreng 2 Sudu besar adunan biskut pada satu masa sehingga perang sedikit, putar dan perang.

d) Isikan setiap crêpe dengan sebahagian daripada campuran krim masam. Menggulung.

e) Letakkan bahagian jahitan di bawah dalam hidangan pembakar. Tuangkan inti pai ceri secara keseluruhan.

f) Bakar pada suhu 350~ selama 5 minit. Tuangkan ekstrak oren ke atas Crêpes, dan nyalakan untuk dihidangkan.

14. Kumquat-pecan Crêpes

BAHAN-BAHAN:
- ½ cawan kumquat yang diawet
- 3 biji telur besar
- 1½ cawan pecan, dipotong dadu
- ¾ cawan Gula
- ¾ cawan Mentega, suhu bilik
- 3 sudu besar Cognac
- ½ cawan Pecan, dipotong dadu
- ¼ cawan Gula
- ¼ cawan Mentega, cair
- ½ cawan Cognac

ARAHAN:
UNTUK PENGISIAN:
a) Benih, potong dan tepuk kumquat kering, simpan ⅓ cawan sirap kumquat.

b) Satukan telur, 1½ cawan pecan, ¾ cawan gula, ¾ cawan mentega, kumquat, dan 3 sudu besar Cognac dalam pemproses atau pengisar dan gaul rata menggunakan selekoh hidup/mati. Berubah menjadi mangkuk.

c) Tutup dan beku selama sekurang-kurangnya 1 jam.

UNTUK BERHIMPUN:
d) Banyakkan mentega dua hidangan pembakar 7x11 inci.

e) Simpan ⅓ cawan isi untuk sos. Isikan setiap crêpe dengan kira-kira 1 ½ hingga 2 sudu besar inti. Gulung Crêpes dengan fesyen cerut.

f) Susun sisi jahitan ke bawah dalam satu lapisan dalam hidangan pembakar yang disediakan.

g) Panaskan ketuhar hingga 350 darjah. Taburkan Crêpes dengan baki pecan dan gula dan gerimis dengan mentega cair.

h) Bakar sehingga mendidih panas, kira-kira 15 minit.

i) Sementara itu, satukan ⅓ cawan inti yang dikhaskan, 2 sudu besar Cognac dan ⅓ cawan sirap kumquat yang dikhaskan dalam periuk kecil dan biarkan mendidih dengan api perlahan.

j) Panaskan baki Cognac dalam periuk kecil.

k) Untuk menghidangkan, susun crepe di atas pinggan dan atasnya dengan sos. Nyalakan Cognac dan tuangkan ke atas, goncangkan pinggan sehingga api reda. Hidangkan segera.

15. Buah tropika Crêpe s

BAHAN-BAHAN:
- 4 auns tepung biasa, diayak
- 1 secubit Garam
- 1 sudu teh gula kastor
- 1 biji telur, tambah satu kuning
- ½ pain Susu
- 2 sudu besar mentega cair
- 4 auns Gula
- 2 sudu besar brendi atau rum
- 2½ cawan campuran buah tropika

ARAHAN:

a) Untuk membuat adunan Crêpe, letakkan tepung, garam, dan gula kastor dalam mangkuk dan gaul.

b) Pukul telur, susu dan mentega secara beransur-ansur. Biarkan selama sekurang-kurangnya 2 jam.

c) Panaskan kuali yang telah digris sedikit, kacau adunan, dan gunakan untuk membuat 8 Crêpes. Tetap hangat.

d) Untuk membuat inti, letakkan campuran buah tropika dalam periuk dengan gula dan panaskan perlahan-lahan sehingga gula larut.

e) Didihkan dan panaskan sehingga gula menjadi karamel. Tambah brendi.

f) Isikan setiap crêpe dengan buah dan hidangkan segera dengan krim atau creme fraiche.

16. Lemon Crêpes

BAHAN-BAHAN:
- 1 biji telur besar
- ½ cawan Susu
- ¼ cawan tepung serba guna
- 1 sudu teh Gula
- 1 sudu teh parutan kulit limau
- 1 secubit Garam
- Mentega atau minyak untuk kuali

SOS LEMON:
- 2 cawan air
- 1 cawan Gula
- 2 biji limau nipis, dihiris kertas nipis, dibiji

PENGISIAN KRIM:
- 1 cawan krim pekat, sejuk
- 2 sudu teh Gula
- 1 sudu teh ekstrak vanila

ARAHAN:
BATTER CRÊPE:
a) Pukul telur dan susu sedikit bersama dalam mangkuk adunan sederhana.

b) Masukkan tepung, gula, perahan limau nipis, dan garam dan pukul hingga rata.

c) Sejukkan di dalam peti sejuk selama sekurang-kurangnya 2 jam atau semalaman.

SOS LEMON:
d) Panaskan air dan gula dalam periuk sederhana berat sehingga gula larut.

e) Masukkan hirisan lemon dan reneh selama 30 minit. Sejukkan ke suhu bilik.

BUAT KREPE:

f) Salutkan kuali crêpe pada kuali nonstick 6 inci dengan lapisan nipis mentega atau minyak.

g) Panaskan kuali di atas api sederhana tinggi.

h) Tuangkan 2 sudu besar adunan Crêpe dan cepat condongkan kuali untuk menyebarkan adunan secara sekata.

i) Masak sehingga bahagian bawah berwarna keemasan dan tepi telah ditarik dari sisi kuali, kira-kira 3 minit.

j) Hidupkan crêpe dan masak bahagian kedua selama kira-kira 1 minit.

k) Biarkan sejuk di atas pinggan dan ulangi dengan adunan yang tinggal untuk membuat 8 Crêpes semuanya.

l) Sejurus sebelum dihidangkan, buat inti krim: pukul krim, gula, dan vanila dalam mangkuk pengadun sehingga puncak kaku terbentuk.

m) Letakkan 2 Crêpes, bahagian bawah keemasan, pada setiap pinggan pencuci mulut.

n) Sudukan isi krim pada setiap Crêpe dan gulung, lipat di tepi dan letakkan bahagian jahitan di atas pinggan.

o) Tuangkan $\frac{1}{4}$ cawan sos lemon ke atas setiap hidangan, dan hidangkan sekaligus.

17. Crêpes Dengan Sos Buah Chablis

BAHAN-BAHAN:
- 3 biji telur
- 1 cawan susu skim
- 1 cawan Tepung
- $\frac{1}{8}$ sudu teh Garam
- Semburan masakan
- $\frac{1}{2}$ cawan wain Chablis
- $\frac{1}{4}$ cawan Air
- $\frac{1}{4}$ cawan Gula
- 1 sudu besar Tepung jagung
- $\frac{3}{4}$ cawan strawberi segar atau beku
- $\frac{1}{2}$ cawan bahagian oren dipotong dadu
- 1 sudu besar air
- 4 Pencinta Crêpes

ARAHAN:
a) Satukan 4 bahan pertama dan gaul pada kelajuan rendah selama kira-kira seminit. Kikis bahagian bawah dan gaul rata sehingga rata.

b) Biarkan selama 30 minit. Salut bahagian bawah telur dadar $6\frac{1}{2}$ inci atau kuali dengan semburan masak.

c) Panaskan kuali dengan api perlahan.

d) Tuangkan lebih kurang 3 sudu besar adunan - sengetkan dan putar kuali agar adunan rata.

e) Masak hingga keperangan sedikit di bahagian bawah - terbalikkan dan perangkan sebelah lagi.

f) Untuk menyimpan-membungkus Crêpes dipisahkan dengan kertas lilin, bekukan atau sejukkan.

SOS BUAH CHABLIS:
g) Dalam periuk kecil, satukan 3 bahan pertama - biarkan mendidih - reneh selama 5 minit.

h) Kacau tepung jagung dan 1 sudu besar air hingga rata.

i) Kacau ke dalam campuran wain dan reneh selama beberapa minit sehingga pekat, kacau sekali-sekala.

j) Masukkan buah dan panaskan sehingga buah panas. Isikan Crêpes, lipat dan sudukan sos tambahan di atasnya.

18. Ambrosia Crêpes

BAHAN-BAHAN:
- 4 Crêpes
- koktel buah tin 16 auns
- 1 tin Topping pencuci mulut beku - dicairkan
- 1 biji pisang masak kecil dihiris
- ½ cawan marshmallow kecil
- ⅓ cawan kelapa parut

ARAHAN:
a) Hiaskan dengan topping tambahan dan buah-buahan.
b) Untuk membekukan timbunan Crêpes dengan kertas lilin di antaranya.
c) Balut dengan kertas kerajang berat atau peti sejuk beku.
d) Panaskan dalam ketuhar 350° selama 10-15 minit.

19. Berry Crêpes dengan sos oren

BAHAN-BAHAN:
- 1 cawan beri biru segar
- 1 cawan strawberi dihiris
- 1 sudu besar Gula
- Tiga pek 3-auns keju krim lembut
- $\frac{1}{4}$ cawan madu
- $\frac{3}{4}$ cawan jus oren
- 8 Crêpes

ARAHAN:

a) Satukan beri biru, strawberi, dan gula dalam mangkuk kecil, dan ketepikan.

b) Untuk menyediakan sos, pukul keju krim dan madu sehingga ringan, dan perlahan-lahan pukul dalam jus oren.

c) Sudukan kira-kira $\frac{1}{2}$ cawan isi beri di tengah-tengah 1 Crêpe. Sudukan kira-kira 1 sudu besar sos ke atas buah beri. Gulung, dan letakkan di atas pinggan hidangan. Ulangi dengan baki krep.

d) Tuangkan baki sos ke atas Crêpes.

20. Croissant asas

BAHAN-BAHAN:
- ¾ cawan ditambah 1 sudu besar susu penuh
- 2 sudu teh yis segera
- 2⅔ cawan tepung serba guna (atau tepung T55), ditambah tambahan untuk membentuk
- 1 sudu besar ditambah 1½ sudu teh (20 gram) gula pasir
- 2 sudu teh garam halal
- 1 cawan mentega tanpa garam, pada suhu bilik, dibahagikan
- 1 biji telur besar

ARAHAN:

a) Buat doh: Dalam mangkuk sederhana, kacau bersama susu dan yis, kemudian masukkan tepung, gula, garam, dan mentega dan kacau sehingga menjadi doh berbulu. Balikkan doh ke atas bangku bersih dan uli selama 8 hingga 10 minit (atau pindahkan ke pengadun berdiri dan uli selama 6 hingga 8 minit pada kelajuan rendah) sehingga licin, elastik dan lembut.

b) Jika menguli dengan tangan, kembalikan doh ke dalam mangkuk. Tutup dengan tuala dan ketepikan selama 1 jam atau sehingga mengembang dua kali ganda. (Masa ini akan berbeza-beza, bergantung pada suhu dapur anda.)

c) Balikkan doh ke atas bangku yang bersih dan tekan perlahan ke segi empat sama 8 inci. Balut dengan bungkus plastik dan sejukkan selama 1 jam. Ini dikenali sebagai blok doh.

d) Blok doh dan blok mentega harus mempunyai suhu dan konsistensi yang sama, jadi penyejukan adalah penting.

e) Selepas 30 minit menyejukkan blok doh, letakkan baki ¾ cawan (170 gram) mentega pada sekeping kertas kulit. Teratas dengan helaian kertas parchment tambahan dan gunakan penggelek dan pengikis bangku plastik untuk membentuk mentega menjadi segi empat tepat 6-kali-8 inci. Luncurkan paket kertas minyak ke atas loyang dan pindahkan ke peti sejuk selama 15 hingga 20 minit, sehingga padat tetapi boleh lentur. Anda sepatutnya boleh membengkokkan paket tanpa ia pecah menjadi serpihan.

f) Letakkan blok mentega di atas bangku anda semasa anda membentuk doh. Ini akan memastikan suhu yang betul (tidak terlalu sejuk) sebelum digabungkan. Taburkan bangku dan bahagian atas doh dengan tepung dan gulungkan blok doh menjadi segi empat tepat 9 kali 13 inci. Sapu lebihan tepung. Buka bungkus mentega dan balikkan ke tengah doh, supaya tepinya hampir bertemu dengan bahagian tepi bongkah doh. Lipat bahagian atas dan bawah doh di atas blok mentega, bertemu di tengah. Cubit bahagian tengah dan jahitan hujung ditutup dengan teliti. Suhu adalah penting, jadi kerja dengan cepat.

g) Taburkan bangku anda dengan tepung dan putar doh supaya jahitan tengah menghala ke arah anda. Canai doh, menggunakan gerakan bolak-balik, untuk mencipta segi empat tepat 7-kali-21 inci, berfungsi dengan berhati-hati supaya tiada mentega yang terlepas daripada doh. Jika mentega menjenguk, picit doh di sekelilingnya untuk menutup dan taburkan dengan tepung. Sapu lebihan tepung sebelum dilipat.

h) Lipat sepertiga bahagian atas doh ke arah tengah, kemudian lipat sepertiga bahagian bawah doh di atas tengah untuk membuat lipatan huruf. Sapu lebihan tepung.

i) Balut doh dalam bungkus plastik dan sejukkan selama 30 minit.

j) Ulangi langkah 6, bermula dengan tepi doh yang dilipat di sebelah kiri anda, gulungkan doh menjadi segi empat tepat 7-

kali-21 inci, dan buat lipatan huruf. Balut doh sekali lagi dan sejukkan selama 45 minit.

k) Ulangi langkah ini sekali lagi, kemudian bungkus doh dan sejukkan sekurang-kurangnya 1 jam atau semalaman.

l) Bentuk dan bakar: Lapik loyang dengan kertas parchment.

m) Taburkan bangku anda dengan tepung dan gulungkan doh menjadi segi empat tepat setebal $\frac{1}{4}$ inci, kira-kira 9 kali 20 inci.

n) Gunakan pisau pengupas untuk menandakan bahagian 4 inci di sepanjang sisi panjang. Gunakan pisau tukang masak untuk memotong segi empat tepat pada tanda 4 inci, menghasilkan lima bahagian 4-kali-9 inci. Belah separuh setiap bahagian ini secara menyerong untuk mencipta sejumlah 10 segi tiga.

o) Regangkan bahagian bawah setiap segi tiga sedikit untuk memanjangkannya sedikit.

p) Bermula pada bahagian yang panjang, gulungkan segi tiga untuk mencipta bentuk croissant.

q) Apabila anda hampir mencapai penghujung gulungan, tarik sedikit hujungnya untuk memanjangkannya dan bungkusnya di sekeliling croissant, cubit perlahan untuk mengelak. Letakkan setiap croissant pada lembaran pembakar yang disediakan dengan petua di bahagian bawah untuk mengelakkannya daripada terbuka semasa kalis dan membakar. Jarakkan mereka beberapa inci.

r) Tutup dulang dengan bungkus plastik dan ketepikan pada suhu bilik selama $1\frac{1}{2}$ hingga $2\frac{1}{2}$ jam. (Masa ini akan berbeza-beza, bergantung pada suhu dapur anda, tetapi suhu ideal ialah 75°F hingga 80°F.) Buktikan sehingga ia mencapai konsistensi marshmallow-y dan peningkatan dalam volum. Jika anda mencucuk doh, ia akan melambung sedikit ke belakang, meninggalkan lekukan.

s) Selepas 1 jam kalis, panaskan ketuhar hingga 400°F.

t) Dalam mangkuk kecil, pukul telur dengan percikan air dan gunakan berus pastri untuk menyapu sayu ke atas croissant. Berus mereka sekali lagi, untuk lebih bersinar.

u) Bakar selama 30 hingga 35 minit sehingga croissant berwarna perang keemasan. Hidangkan hangat.

21. Croissant klasik

BAHAN-BAHAN:
- 4 cawan tepung serba guna
- 1/4 cawan gula
- 1 1/2 sudu teh garam
- 2 1/4 sudu teh yis segera
- 1 1/4 cawan susu sejuk
- 2 sudu besar mentega tanpa garam, dilembutkan
- 2 1/2 batang mentega tanpa garam, sejukkan dan potong nipis
- 1 biji telur dipukul dengan 1 sudu air

ARAHAN:
a) Dalam mangkuk besar, pukul bersama tepung, gula, garam dan yis.
b) Masukkan susu sejuk dan 2 sudu besar mentega yang telah dilembutkan, dan kacau sehingga menjadi doh yang kasar.
c) Balikkan doh ke atas permukaan yang ditaburkan tepung dan uli selama kira-kira 10 minit sehingga licin dan elastik.
d) Letakkan doh dalam mangkuk yang disapu sedikit minyak, tutup dengan bungkus plastik, dan sejukkan selama 1 jam.
e) Pada permukaan yang ditaburkan tepung, gulungkan hirisan mentega sejuk menjadi segi empat tepat. Lipat doh ke atas mentega dan picit tepi bersama.
f) Canai doh dan mentega menjadi segi empat panjang. Lipat dalam pertiga, seperti surat.
g) Canai doh sekali lagi dan ulangi proses melipat dua kali lagi. Sejukkan doh selama 30 minit.
h) Gulungkan doh sekali lagi menjadi segi empat tepat yang besar, kemudian potong menjadi segi tiga.
i) Gulung setiap segi tiga ke atas, bermula dari hujung lebar, dan bentukkan menjadi bulan sabit.

j) Letakkan croissant pada lembaran pembakar yang beralas, sapu dengan basuh telur, dan biarkan naik selama 1 jam.

k) Panaskan ketuhar hingga 400°F (200°C) dan bakar croissant selama 20-25 minit sehingga perang keemasan.

22. croissant roti bulu

BAHAN-BAHAN:
- 2 sudu teh yis mesin roti
- $2\frac{1}{4}$ cawan tepung serba guna
- 2 sudu teh Garam
- 2 sudu besar pepejal susu kering tanpa lemak segera
- 1 sudu besar Gula
- $\frac{7}{8}$ cawan Air
- 4 auns mentega tanpa garam
- 1 telur besar; dipukul dengan
- 1 sudu air; untuk kaca
- 3 Bar (1.45-auns) coklat separa manis

ARAHAN:
a) Masukkan yis, tepung, garam, pepejal susu kering, gula, dan air ke dalam kuali mesin roti dan masukkan ke dalam mesin. Proseskan bahan-bahan pada tetapan doh sehingga sebati, tanpa bahan kering yang melekat pada sisi kuali, kira-kira 10 minit pada kebanyakan mesin.

b) Selepas doh telah digaul, matikan mesin dan biarkan doh mengembang dalam mesin sehingga dua kali ganda, kira-kira $1\frac{1}{2}$ jam.

c) Sementara itu, letakkan batang mentega di antara 2 lapisan bungkus plastik atau kertas lilin. Dengan jari anda, ratakan dan bentuk mentega menjadi segi empat sama 6 inci dengan ketebalan kira-kira ⅓ inci. Sejukkan sekurang-kurangnya 15 minit. Mentega mestilah konsisten dengan pemendekan sayuran apabila anda menggunakannya. Jika ia terlalu keras, ia akan mengoyakkan doh; jika ia terlalu lembut ia akan meleleh keluar dari sisi. Panaskan atau sejukkan dengan sewajarnya.

d) Apabila doh telah mengembang dua kali ganda, keluarkan ke permukaan yang bertepung dengan baik. Dengan tangan yang ditabur tepung, tekan doh menjadi segi empat sama 13 inci. Buka bungkus mentega sejuk dan letakkan secara menyerong di tengah-tengah petak doh. Bawa sudut doh ke atas mentega untuk bertemu di tengah (ia akan kelihatan seperti sampul surat). Tekan bahagian tengah dan tepi doh untuk meratakan dan mengelak mentega.

e) Menggunakan pin canai yang ditaburkan sedikit tepung, canai doh menjadi segi empat tepat 18 x 9 inci. Jangan tekan terlalu kuat. Jika anda lakukan, mentega akan meleleh keluar atau doh akan koyak (jika ia koyak, picit sahaja untuk menampal). Lipat satu hujung 9 inci segi empat tepat doh di atas sepertiga tengah doh. Lipat ini pada baki ketiga.

f) Canai doh semula menjadi segi empat tepat 18 x 9 inci. Lipat seperti sebelumnya untuk membentuk 3 lapisan dan masukkan ke dalam beg plastik atau balut longgar dalam bungkus plastik. Sejukkan doh selama 30 minit dan kemudian ulangi proses menggolek, melipat dan menyejukkan dua kali lagi.

g) Sejukkan doh semalaman selepas kali terakhir dilipat.

h) Untuk memotong dan membentuk croissant, potong doh separuh. Balut satu separuh dalam plastik dan kembalikan ke peti sejuk semasa anda bekerja dengan separuh lagi. Canai doh di atas permukaan yang ditaburi sedikit tepung hingga bulatan 13 inci.

i) Potong kepada 6 baji. Tarik perlahan pangkal setiap baji ke lebar kira-kira 6 inci dan panjang setiap baji kepada kira-kira 7 inci. Bermula dari pangkal, gulungkan baji. Letakkan croissant, titik atas di bawah, di atas lembaran pembakar tugas berat.

j) Lengkung dan bawa mata asas ke arah tengah untuk membentuk bulan sabit. Canai dan bentukkan semua croissant, letakkan 2 inci di atas loyang.

k) Sapu sedikit croissant dengan sayu telur. Kemudian, biarkan mereka naik di tempat yang hangat sehingga ringan dan bengkak, kira-kira 1 ½ jam. Sementara itu, panaskan ketuhar hingga 400F. Sapu croissant dengan sayu telur sekali lagi sebelum memasukkannya ke dalam ketuhar. Bakar selama 15 minit, atau sehingga ia berwarna perang keemasan. Keluarkan croissant dari loyang untuk menyejukkan di atas redai. Hidangkan hangat, dengan jem atau isi sandwic kegemaran anda.

l) Sediakan doh croissant mengikut arahan.

m) Selepas anda memotongnya separuh, gulungkan setiap separuh menjadi segi empat tepat 14 x 12 inci pada permukaan yang ditaburkan sedikit tepung. Potong setiap separuh kepada enam segi empat tepat 7 x 4 inci.

n) Pecahkan tiga bar 1.45 auns coklat separa manis atau gelap untuk membuat 12 segi empat tepat, setiap satu kira-kira 3 x 1 ½ inci. Letakkan satu keping coklat memanjang di sepanjang satu hujung pendek setiap kepingan doh. Gulung untuk menutup coklat sepenuhnya dan tekan tepi untuk mengelak. Letakkan croissant, jahitan sebelah bawah, di atas loyang yang besar.

o) Teruskan sayu dan bakar seperti yang diarahkan.

23. Croissant jelapang

BAHAN-BAHAN:
- $\frac{1}{4}$ pint air suam
- 7 auns susu pekat separa skim tanpa gula
- 1 auns yis kering
- 2 auns mentega tanpa garam; cair
- 1 paun Tepung Granary
- Sedikit garam
- 3 auns Bunga matahari atau marjerin soya
- Susu untuk menjadi sayu

ARAHAN:
a) Campurkan air dengan susu sejat, dan kemudian hancurkan dalam yis segar, atau kacau dalam yis kering.

b) Masukkan mentega. Ayak tepung dengan garam dalam mangkuk besar, kembalikan bijirin dari ayak ke tepung dalam mangkuk.

c) Sapu marjerin ke dalam tepung sehingga adunan menyerupai serbuk roti.

d) Buat perigi di tengah tepung, tuangkan campuran yis dan kacau dengan teliti.

e) Hidupkan doh pada permukaan yang ditaburi sedikit tepung dan uli selama 3 minit.

f) Kembalikan doh ke dalam mangkuk, tutup dengan tuala teh lembap dan biarkan mengembang di tempat yang hangat selama kira-kira 30 minit sehingga dua kali ganda saiznya.

g) Jika suhu bilik sejuk, kenaikan boleh dipercepatkan menggunakan ketuhar gelombang mikro: microwave doh bertutup dalam bekas kalis gelombang mikro dengan kuasa penuh selama 10 saat. Biarkan doh berehat selama 10 minit, dan kemudian ulangi proses dua kali.

h) Hidupkan separuh daripada doh yang telah dibangkitkan pada permukaan yang ditaburkan sedikit tepung dan gulung menjadi bulatan setebal kira-kira 5mm ($\frac{1}{4}$ inci). Dengan menggunakan pisau tajam, potong doh kepada lapan bahagian segi tiga. Bekerja dari tepi luar, gulung setiap segmen ke tengah. Bengkokkan setiap bahagian menjadi bulan sabit dan letakkan di atas loyang yang telah disapu sedikit minyak.

i) Tutup dengan tuala teh dan biarkan dua kali ganda.

j) Sementara itu, panaskan ketuhar kepada Gas Mark 5/190C/375 F. Ulang proses membentuk dengan separuh lagi doh.

k) Sebagai alternatif, biarkan baki doh tertutup di dalam peti sejuk sehingga 4 hari dan gunakan apabila croissant segar diperlukan.

l) Apabila croissant telah mengembang dua kali ganda, sayukan dengan susu dan bakar dalam ketuhar selama 15-20 minit sehingga kembang dan keemasan.

24. Croissant cip coklat

BAHAN-BAHAN:
- 1½ cawan Mentega atau marjerin, dilembutkan
- ¼ cawan tepung serba guna
- ¾ cawan Susu
- 2 sudu besar Gula
- 1 sudu teh Garam
- ½ cawan air yang sangat suam
- 2 pek yis kering aktif
- 3 cawan Tepung, tidak diayak
- 12 auns cip coklat
- 1 biji kuning telur
- 1 sudu besar Susu

ARAHAN:
a) Dengan sudu, pukul mentega, ¼ cawan tepung hingga sebati. Sapukan pada kertas berlilin dalam segi empat tepat 12x6. Sejukkan. Panaskan ¾ cawan susu; kacau dalam 2 sudu besar gula, garam untuk larut.

b) Sejuk hingga suam. Taburkan air dengan yis; kacau hingga larut. Dengan sudu, pukul dalam campuran susu dan 3 cawan tepung sehingga rata.

c) Hidupkan kain pastri yang ditaburkan sedikit tepung; uli hingga rata. Biarkan mengembang, bertutup, di tempat yang hangat, bebas daripada draf, sehingga mengembang dua kali ganda -- kira-kira 1 jam. Sejukkan ½ jam.

d) Pada kain pastri yang ditaburkan sedikit tepung, gulung menjadi segi empat tepat 14x14.

e) Letakkan campuran mentega pada separuh doh; keluarkan kertas. Lipat separuh lagi ke atas mentega; cubit tepi untuk mengelak. Dengan lipat di sebelah kanan, gulung dari tengah ke 20x8.

f) Dari sisi pendek, lipat doh menjadi tiga, membuat 3 lapisan; tepi meterai; sejuk 1 jam dibalut dengan foil. Dengan lipat di kiri, gulung ke 20x8; lipat sejukkan $\frac{1}{2}$ jam. ulang.

g) Sejukkan semalaman. Keesokan harinya, gulung; lipat dua kali; sejukkan $\frac{1}{2}$ jam antara. Kemudian sejukkan 1 jam lebih lama.

h) Untuk membentuk: potong doh kepada 4 bahagian. Pada kain pastri yang ditaburkan sedikit tepung, gulungkan setiap satu ke dalam bulatan 12 inci. Potong setiap bulatan kepada 6 baji.

i) Taburkan baji dengan cip coklat -- berhati-hati untuk meninggalkan jidar $\frac{1}{2}$ inci di sekeliling dan jangan terlalu banyak dengan kerepek. Gulung bermula pada hujung lebar. Bentuk menjadi bulan sabit. Letakkan mata sebelah bawah, 2" di atas kertas coklat pada helaian kuki.

j) Penutup; biarkan naik di tempat yang hangat, bebas daripada draf sehingga dua kali ganda, 1 jam.

k) Panaskan ketuhar hingga 425. berus dengan campuran kuning telur yang telah dipukul dalam 1 sudu besar susu. Bakar 5 minit, kemudian kurangkan ketuhar kepada 375; bakar 10 minit lebih atau sehingga croissant kembang dan keperangan.

l) Sejukkan di atas rak selama 10 minit.

25. Croissant eclair pisang

BAHAN-BAHAN:
- 4 biji croissant beku
- 2 segi empat sama coklat separa manis
- 1 sudu besar Mentega
- ¼ cawan gula kuih-muih yang diayak
- 1 sudu teh air panas; sehingga 2
- 1 cawan puding vanila
- 2 pisang sederhana; dihiris

ARAHAN:

a) Potong croissant beku separuh memanjang; pergi bersama. Panaskan croissant beku pada lembaran pembakar yang tidak digris dalam 325°F yang dipanaskan terlebih dahulu. ketuhar 9-11 minit.

b) Cairkan coklat dan mentega bersama. Kacau dalam gula dan air untuk membuat sayu yang boleh disebarkan.

c) Sapukan ¼ cawan puding pada setiap bahagian bawah croissant. Teratas dengan hirisan pisang.

d) Gantikan bahagian atas croissant; gerimis pada sayu coklat.

e) Hidang.

26. Coklat Gelap Malted Puding Roti Croissant

BAHAN-BAHAN:
- 6 croissant besar, sebaik-baiknya berumur sehari
- 3 cawan susu penuh
- 1 cawan krim berat
- 1/2 cawan gula pasir
- 4 biji telur besar
- 2 sudu teh ekstrak vanila
- 1/4 sudu teh garam
- 1/2 cawan cip coklat gelap
- 1/4 cawan susu tepung malt
- Krim putar, untuk hidangan (pilihan)

ARAHAN:

a) Panaskan ketuhar hingga 350°F. Mentega loyang 9x13 inci.

b) Potong croissant ke dalam kepingan bersaiz gigitan dan letakkannya dalam hidangan pembakar yang disediakan.

c) Dalam mangkuk besar, pukul bersama susu, krim, gula, telur, ekstrak vanila, garam, dan susu tepung malt sehingga sebati.

d) Tuangkan adunan ke atas croissant, pastikan untuk mengagihkan sama rata cecair.

e) Taburkan cip coklat gelap di atas puding roti.

f) Tutup loyang dengan aluminium foil dan bakar selama 35 minit.

g) Keluarkan foil dan teruskan membakar selama 15-20 minit tambahan, atau sehingga puding roti ditetapkan dan bahagian atas berwarna perang keemasan.

h) Biarkan puding roti sejuk selama beberapa minit sebelum dihidangkan. Teratas dengan krim putar, jika mahu.

27. Coklat Almond Croissant Éclairs

BAHAN-BAHAN:
UNTUK PÂTE À CHOUX:
- 1/2 cawan air
- 1/2 cawan susu penuh
- 1/2 cawan mentega tanpa garam, potong dadu
- 1/2 sudu teh garam
- 1 sudu teh gula
- 1 cawan tepung serba guna
- 4 biji telur besar, suhu bilik

UNTUK ISI COKLAT ALMOND:
- 1 cawan krim berat
- 1 cawan cip coklat separuh manis
- 1/2 cawan mentega badam

UNTUK COKLAT GLAZE:
- 1/2 cawan cip coklat separuh manis
- 2 sudu besar mentega tanpa garam
- 1 sudu besar sirap jagung

ARAHAN:
a) Panaskan ketuhar hingga 375°F. Lapik loyang dengan kertas parchment.

b) Dalam periuk sederhana, satukan air, susu, mentega, garam, dan gula. Panaskan dengan api sederhana sehingga mentega cair dan adunan mendidih.

c) Masukkan tepung sekali gus dan kacau kuat-kuat dengan senduk kayu sehingga adunan membentuk bebola dan menarik dari tepi kuali.

d) Keluarkan kuali dari api dan biarkan ia sejuk selama 5 minit.

e) Masukkan telur satu persatu, pukul sebati selepas setiap penambahan, sehingga adunan licin dan berkilat.

f) Muatkan beg pastri dengan hujung bulat besar dan isi dengan pastri choux.

g) Paipkan pastri ke atas loyang yang telah disediakan, membentuk éclair sepanjang 6 inci.

h) Bakar selama 25-30 minit, atau sehingga perang keemasan dan kembang.

i) Keluarkan dari ketuhar dan biarkan sejuk sepenuhnya.

j) Dalam periuk sederhana, panaskan krim berat sehingga mendidih.

k) Angkat dari api dan masukkan cip coklat dan mentega badam. Kacau sehingga coklat cair dan adunan sebati.

l) Potong celah kecil di bahagian bawah setiap éclair dan paipkan inti ke tengah.

m) Dalam periuk kecil, cairkan cip coklat, mentega, dan sirap jagung dengan api perlahan, kacau sentiasa, sehingga rata.

n) Celupkan bahagian atas setiap éclair ke dalam sayu coklat dan letakkan di atas rak dawai untuk ditetapkan.

o) Pilihan: Taburkan dengan hirisan badam.

28. Bersalut Coklat Croissant Strawberi

BAHAN-BAHAN:
- 6 biji croissant
- 1/2 cawan jem strawberi
- 1/2 cawan cip coklat separuh manis
- 1 sudu besar mentega tanpa garam
- 1/4 cawan krim berat
- Strawberi segar, dihiris (pilihan)

ARAHAN:

a) Panaskan ketuhar hingga 375°F.

b) Potong setiap croissant separuh memanjang.

c) Sapukan 1-2 sudu besar jem strawberi pada bahagian bawah setiap croissant.

d) Gantikan separuh bahagian atas setiap croissant dan letakkannya di atas loyang.

e) Bakar selama 10-12 minit, atau sehingga croissant berwarna perang keemasan.

f) Dalam periuk kecil, cairkan cip coklat, mentega, dan krim kental dengan api perlahan, kacau sentiasa, sehingga rata.

g) Keluarkan croissant dari ketuhar dan biarkan sejuk selama beberapa minit.

h) Celupkan bahagian atas setiap croissant ke dalam adunan coklat, biarkan lebihan menitis.

i) Letakkan croissant bersalut coklat di atas rak dawai untuk menyejukkan dan tetapkan.

j) Pilihan: Teratas dengan hirisan strawberi segar sebelum dihidangkan.

HIDANGAN UTAMA

29. Suprêmes De Volaille a Blanc

BAHAN-BAHAN:
MASAK DADA AYAM
- 4 tertinggi
- ½ sudu kecil jus lemon
- ¼ sudu kecil garam
- Secubit besar lada putih
- 4 sudu besar mentega
- Sebuah kaserol kalis api yang berat dan bertutup dengan diameter kira-kira 10 inci
- Satu pusingan potongan kertas berlilin agar sesuai dengan kaserol
- Hidangan hidangan panas

WAKIR DAN SOS KRIM, DAN MENGHIDANGKAN
- ¼ cawan stok putih atau perang atau bouillon daging lembu dalam tin
- ¼ cawan port, Madeira, atau vermouth putih kering
- 1 cawan krim pekat Garam, lada putih dan jus lemon
- 2 sudu besar pasli cincang segar

ARAHAN:
a) Panaskan ketuhar hingga 400 darjah.
b) Gosok suprêmes dengan titisan jus lemon dan taburkan sedikit garam dan lada sulah. Panaskan mentega dalam kaserol sehingga berbuih. Cepat gulung suprêmes dalam mentega, letakkan kertas di atasnya, tutup kaserol dan masukkan ke dalam ketuhar panas.
c) Selepas 6 minit, tekan bahagian atas suprêmes dengan jari anda; jika masih empuk dan lembik, kembalikan ke ketuhar selama satu atau dua minit lagi.
d) Mereka selesai apabila mereka berasa sedikit kenyal dan berdaya tahan; jangan terlalu masak. Keluarkan suprêmes ke dalam hidangan hidangan panas; tutup dan panaskan

semasa membuat sos, yang akan mengambil masa 2 hingga 3 minit.

e) Tuangkan stok atau bouillon dan wain ke dalam kaserol dengan mentega masak dan rebus dengan cepat dengan api yang tinggi sehingga cecair menjadi sirap. Kemudian tuangkan krim dan rebus dengan cepat sehingga sedikit pekat.

f) Perasakan dengan teliti dengan garam, lada sulah, dan titisan jus lemon.

g) Tuangkan sos ke atas suprêmes, taburkan dengan pasli, dan hidangkan segera.

30. Risotto

BAHAN-BAHAN:

⅓ cawan bawang cincang halus
2 sudu besar mentega
Periuk 6 cawan berat atau kaserol kalis api
1 cawan beras putih mentah yang belum dibasuh
2 cawan stok ayam atau sup, dipanaskan hingga mendidih
Garam dan lada
Sejambak herba kecil: 2 tangkai pasli, ⅓ daun bay, dan $\frac{1}{8}$ sudu teh thyme yang diikat dengan kain keju yang telah dibasuh

ARAHAN:

Masak bawang perlahan-lahan dalam mentega selama beberapa minit sehingga lembut dan lut sinar. Masukkan beras dan kacau di atas api sederhana selama 3 hingga 4 minit sehingga butir beras, yang mula-mula menjadi lut sinar, menjadi putih susu. Langkah ini memasak salutan beras tepung dan menghalang bijirin daripada melekat bersama. Kemudian masukkan stok ayam, perasakan sedikit garam dan lada sulah, dan masukkan jambangan herba. Kacau sebentar sehingga mendidih, kemudian tutup rapat dan masak dengan api sederhana di atas dapur atau dalam ketuhar yang telah dipanaskan 350 darjah. Selaraskan haba supaya nasi telah menyerap cecair dalam kira-kira 18 minit, tetapi jangan kacau nasi sama sekali semasa memasak. Apabila selesai, kembangkan sedikit dengan garpu, tambah lebih banyak garam dan lada sulah jika perlu. (Risotto boleh dimasak terlebih dahulu dan ketepikan, tidak bertutup; untuk memanaskan semula, letakkan dalam kuali berisi air mendidih, tutup nasi, dan kembangkan dengan garpu sekali-sekala sehingga nasi panas. Jangan terlalu masak.)

31. Haricots Verts Au Maître d'Hôtel

BAHAN-BAHAN:

MEMASAK AWAL ATAU BLANCHING

3 paun kacang hijau segar

Cerek besar yang mengandungi 7 hingga 8 liter air mendidih dengan cepat

$3\frac{1}{2}$ Tb garam

BERKHIDMAT

Periuk atau kuali yang berat bersaiz 8 hingga 10 inci enamel atau tidak melekat

Garam dan lada

3 hingga 4 Tb mentega

1 sudu kecil jus lemon

2 hingga 3 Tb pasli segar cincang

ARAHAN:

Snap berakhir dengan kacang. Sebelum memasak, basuh dengan cepat di bawah air panas. Titiskan kacang ke dalam cerek, masukkan garam, dan masak semula sehingga mendidih. Rebus tanpa tutup selama 8 minit, kemudian uji kacang dengan memakannya. Kacang dibuat apabila ia empuk tetapi masih mengekalkan kesan kerangupan. Sebaik sahaja ia selesai, letakkan colander di atas cerek dan toskan air dari kacang. Kemudian tuangkan air sejuk ke dalam cerek selama beberapa minit untuk menyejukkan kacang dan untuk menetapkan warna dan tekstur. longkang. Ketepikan sehingga sedia untuk digunakan.

Untuk menghidangkan, masukkan kacang ke dalam periuk atau kuali di atas api yang sederhana tinggi untuk menyejat semua kelembapannya. Kemudian toskan dengan garam, lada sulah, dan mentega sehingga dipanaskan dengan baik-2 minit atau lebih. Toskan lagi dengan satu sudu teh jus lemon dan pasli cincang. Hidangkan segera.

32. Terrine De Porc, Veau, Et Jambon

BAHAN-BAHAN:

CAMPURAN PÂTÉ ASAS

½ cawan bawang besar dikisar halus
2 sudu besar mentega
Kuali kecil
Mangkuk adunan 3 liter
½ cawan port kering atau Madeira, atau cognac
¾ lb. (1½ cawan) daging babi tanpa lemak yang dikisar halus
¾ lb. (1½ cawan) daging lembu tanpa lemak yang dikisar halus
½ lb. (1 cawan) lemak babi segar yang dikisar (lihat nota pada permulaan resipi)
2 biji telur dipukul ringan
½ sudu kecil garam
½ sudu kecil lada
½ sudu teh thyme
Lada sulah secubit besar
Seulas kecil bawang putih tumbuk

JALUR-JALUR VEAL

½ lb. daging lembu tanpa lemak dari bulat atau tenderloin, dipotong menjadi jalur ¼ inci
Mangkuk
3 sudu besar cognac
Garam dan lada
Cubit setiap thyme dan allspice
1 sudu besar bawang merah atau daun bawang dikisar halus
Pilihan: 1 atau lebih truffle dalam tin dipotong menjadi dadu ¼ inci, dan jus daripada tin

MEMBENTUK PÂTÉ

Loyang atau kuali 2 liter (lihat nota pada permulaan resipi)
Lembaran atau kepingan lemak babi yang mencukupi untuk melampirkan pâté (lihat nota pada permulaan resipi)
4 cawan campuran pate asas

½ lb. ham rebus tanpa lemak dipotong menjadi jalur setebal ¼ inci
1 daun salam
Kertas aluminium
Penutup berat untuk hidangan pembakar atau kuali
Kuali untuk meletakkan hidangan pembakar di dalam ketuhar

ARAHAN:
Masak bawang perlahan-lahan dalam mentega sehingga lembut dan lut cahaya; kemudian kikis ke dalam mangkuk adunan. Tuangkan wain ke dalam kuali dan rebus sehingga dikurangkan separuh; masukkan bawang besar dalam mangkuk adunan.

Pukul daging, lemak, telur dan perasa yang dikisar dengan kuat ke dalam bawang sehingga semuanya sebati dan teksturnya menjadi lembut dan ringan—2 hingga 3 minit. Tumis satu sudu kecil sehingga masak; rasa dan perasa yang betul jika perlu.

Semasa menyediakan bahan-bahan lain untuk diikuti, perap daging lembu dalam mangkuk dengan cognac dan perasa lain, termasuk truffle pilihan dan jus dari tin mereka. Sebelum menggunakan, toskan daging lembu dan truffle; tempah perapan.

(Panaskan ketuhar hingga 350 darjah untuk langkah seterusnya.)

Gariskan bahagian bawah dan tepi hidangan dengan kepingan lemak babi, tekan dengan kuat pada tempatnya. Pukul perapan daging lembu ke dalam campuran pate asas, dan sapukan satu pertiga di bahagian bawah hidangan. Tutup dengan separuh jalur daging lembu yang diperap, berselang seli dengan separuh jalur ham. Jika menggunakan truffle, letakkannya berturut-turut di bahagian tengah. Tutup dengan separuh adunan pâté yang tinggal, baki daging lembu dan ham, lebih banyak truffle, dan akhir sekali adunan pâté yang terakhir. Letakkan daun bay di atas; tutup dengan kepingan atau kepingan lemak babi. Tutup bahagian atas pinggan dengan kerajang aluminium dan letakkan pada penutup (letakkan pemberat di atas jika penutup longgar atau rapuh).

MEMBAKAR PâTÉ

Letakkan hidangan di dalam kuali yang lebih besar sedikit dan tuangkan air yang mencukupi sehingga dua pertiga daripadanya. Tetapkan dalam sepertiga bawah ketuhar 350 darjah yang telah dipanaskan dan bakar selama kira-kira $1\frac{1}{2}$ jam, atau sehingga pate mengecut sedikit daripada hidangan pembakar dan semua cecair dan jus di sekeliling berwarna kuning jernih tanpa kesan warna merah jambu.

MENYEJUKKAN, MENYEJUKKAN DAN MENGHIDANG

Apabila selesai, keluarkan hidangan dari air dan letakkan di atas pinggan. Tanggalkan penutup, dan di atas penutup foil letakkan sekeping kayu, kuali, atau hidangan yang hanya akan muat ke dalam hidangan pembakar. Pada atau di dalamnya, letakkan berat 3 hingga 4 paun atau bahagian pengisar daging; ini akan mengemas pâté supaya tidak ada ruang udara kemudian. Sejukkan pada suhu bilik selama beberapa jam, kemudian sejukkan, masih ditimbang, selama 6 hingga 8 jam atau semalaman.

Potong hirisan hidangan terus dari hidangan pembakar di atas meja, atau buka acuan pate, kupas lemak babi dan hidangkan pate yang dihiasi dengan aspik. (Nota: Jika anda menyimpannya selama lebih daripada 2 atau 3 hari di dalam peti sejuk, buka acuan pate yang telah disejukkan dan kikis semua agar-agar daging dari permukaan, kerana jeli yang rosak terlebih dahulu. Lap pate hingga kering dan kembalikan ke dalam loyang atau bungkus dalam kertas berlilin atau bungkus plastik.)

33. Épinards Au Jus; Épinards a La Crème

BAHAN-BAHAN:
MEMASAK AWAL ATAU BLANCHING
3 paun bayam segar
Cerek besar yang mengandungi 7 hingga 8 liter air mendidih dengan cepat
3½ Tb garam
Pisau pemotong keluli tahan karat
BERKHIDMAT
2 sudu besar mentega
Periuk atau kuali enamel beralas berat 8 inci
1½ sb tepung diayak
1 cawan stok daging lembu, bouillon daging lembu dalam tin, atau krim pekat
Garam dan lada
1 hingga 2 Tb mentega lembut

ARAHAN:
Potong dan basuh bayam. Letakkannya ke dalam air mendidih segenggam pada satu masa, tambah garam, dan rebus perlahan-lahan, tidak bertutup, selama 2 hingga 3 minit, atau sehingga bayam menjadi lembik. Toskan, tuangkan air sejuk ke dalam cerek selama satu atau dua minit, toskan lagi. Dengan segenggam, perah sebanyak mungkin air dari bayam. cincang. Ketepikan sehingga sedia untuk digunakan. (Membuat kira-kira 3 cawan.)
Cairkan mentega dalam periuk. Apabila menggelegak, masukkan bayam cincang dan kacau di atas api sederhana tinggi selama 2 hingga 3 minit untuk menyejat kelembapan. Apabila bayam baru mula melekat pada bahagian bawah kuali, kecilkan api ke sederhana dan kacau dalam tepung. Masak, kacau, selama 2 minit. Keluarkan dari haba dan campurkan dalam stok, bouillon atau krim. Perasakan sedikit, biarkan

mendidih, tutup, dan masak perlahan-lahan selama 10 hingga 15 minit. Kacau selalu untuk mengelakkan hangus. Perasa yang betul, masukkan mentega lembut, dan hidangkan.

34. Carottes Étuvées Au Beurre / Lobak Merah Direbus Dalam Mentega

BAHAN-BAHAN:

5 hingga 6 cawan lobak merah yang dikupas dan dihiris atau dibelah empat (kira-kira $1\frac{1}{2}$ lbs.)
Periuk enamel 2 liter berdasar berat
1 sb gula pasir
$1\frac{1}{2}$ cawan air
$1\frac{1}{2}$ sudu besar mentega
$\frac{1}{2}$ sudu kecil garam
Secubit lada
2 sudu besar pasli cincang segar
1 hingga 2 Tb mentega tambahan

ARAHAN:

Letakkan lobak merah dalam periuk dengan gula, air, mentega, garam, dan lada sulah. Tutup dan rebus perlahan-lahan selama kira-kira 30 minit, atau sehingga lobak merah lembut dan cecair telah sejat. Perasa yang betul. Sejurus sebelum dihidangkan, panaskan semula dengan toskan dengan pasli dan mentega tambahan.

35. Champignons Farcis / Cendawan Sumbat

BAHAN-BAHAN:

12 cendawan besar
2 hingga 3 Tb mentega cair
Hidangan pembakar cetek
Garam dan lada
2 Sb bawang merah atau daun bawang dikisar
2 sudu besar mentega
½ Tb tepung
½ cawan krim berat
3 sudu besar pasli cincang segar
Garam dan lada tambahan
¼ cawan keju Swiss parut
1 hingga 2 Tb mentega cair

ARAHAN:

Keluarkan batang cendawan dan simpan. Basuh dan keringkan penutup, sapu dengan mentega cair, dan susun, berongga ke atas, dalam hidangan pembakar. Perasakan sedikit dengan garam dan lada sulah.

Basuh dan keringkan batang dan kisar. Dengan segenggam, putar di sudut tuala untuk mengeluarkan jus sebanyak mungkin. Tumis dengan bawang merah atau daun bawang dalam mentega selama 4 atau 5 minit sehingga kepingan mula terpisah. Kecilkan api, masukkan tepung, dan kacau selama 1 minit. Kacau krim dan reneh selama satu atau dua minit, sehingga pekat. Masukkan pasli dan perasa. Isikan penutup cendawan dengan campuran ini; atas setiap satu dengan 1 sudu teh keju dan menggelecek pada titisan mentega cair. Ketepikan sehingga siap untuk memasak.

Lima belas minit atau lebih sebelum dihidangkan, bakar dalam sepertiga bahagian atas ketuhar 375 darjah yang telah dipanaskan terlebih dahulu sehingga penutup lembut dan pemadat berwarna perang sedikit di atasnya.

36. Escalopes De Veau Sautées a l'Estragon

BAHAN-BAHAN:
4 atau lebih kerang daging lembu
1½ sudu besar mentega
½ Sb minyak masak
Kuali enamel atau tidak melekat 10 inci
SOS DAN MENGHIDANGKAN
1 sb bawang merah atau daun bawang dikisar
Pilihan: ¼ cawan Sercial Madeira atau vermouth putih kering
½ sudu besar daun tarragon kering
1 cawan stok perang atau bouillon daging lembu dalam tin; atau ¼ cawan stok dan 1 cawan krim kental
Pilihan: 1 cawan cendawan, sebelum ini ditumis dalam mentega selama kira-kira 5 minit
½ sudu besar tepung jagung dikisar menjadi pes dengan 1 sudu besar air
Garam dan lada
1 sudu besar mentega lembut
Hidangan hidangan panas
tangkai pasli

ARAHAN:
Keringkan kerang dengan teliti pada tuala kertas. Panaskan mentega dan minyak dalam kuali dengan api yang tinggi. Apabila buih mentega hampir surut tetapi tidak keperangan, masukkan kerang. Jangan sesak mereka bersama-sama; masak sedikit demi sedikit jika perlu. Tumis pada sebelah selama kira-kira 4 minit, mengawal haba supaya lemak sentiasa sangat panas tetapi tidak keperangan; kemudian putar dan tumis daging sebelah lagi. Kerang dilakukan apabila ia hanya tahan terhadap tekanan jari anda, dan jusnya menjadi kuning jernih apabila daging dicucuk. Keluarkan kerang ke dalam ulam dan buat sos seperti berikut:

Tuangkan semua kecuali satu sudu besar lemak dari kuali. Masukkan bawang merah atau daun bawang dan kacau dengan api sederhana selama ½ minit. Kemudian tambahkan wain pilihan, tarragon, dan stok atau bouillon. Kikis semua jus tumis beku dengan sudu kayu, dan reneh seketika. (Jika menggunakan krim, tambahkannya sekarang.) Didihkan dengan cepat untuk mengurangkan cecair kepada kira-kira ⅔ cawan. Keluarkan dari api, pukul dalam bancuhan tepung jagung dan cendawan pilihan. Reneh, kacau, selama 2 minit. Perasakan sedikit kerang dengan garam dan lada sulah, kembalikan ke dalam kuali, dan lumurkan dengan sos. Perasa yang betul. Ketepikan tanpa bertutup sehingga beberapa minit sebelum dihidangkan.

Sejurus sebelum dihidangkan, panaskan semula hingga mendidih, lumurkan kerang dengan sos selama satu atau dua minit sehingga dipanaskan. Keluarkan dari haba, letakkan kerang pada hidangan hidangan panas, dan tambah mentega ke dalam sos dalam kuali. Putar kuali sehingga mentega diserap, kemudian tuangkan sos ke atas kerang. Hiaskan dengan pasli, dan hidangkan segera.

37. Escalope De Veau Gratinées

BAHAN-BAHAN:

3 sudu besar mentega
Periuk 2 liter dengan alas berat
4 sudu besar tepung
2 cawan daging lembu panas atau stok ayam atau bouillon
Sebat wayar
½ cawan bawang cincang halus, sebelum ini dimasak dalam mentega sehingga lut sinar
1 cawan cendawan yang dihiris, sebelum ini ditumis dalam mentega selama kira-kira 5 minit
⅓ cawan krim berat
½ cawan keju Swiss parut
Hidangan hidangan pembakar, sedalam 2 inci
Garam, lada sulah, dan jus lemon
4 hingga 8 kerang daging lembu yang digoreng sebelum ini atau daging lembu panggang yang dihiris
Pilihan: 4 hingga 8 keping ham rebus tanpa lemak
1 sb mentega lembut

ARAHAN:

Panaskan ketuhar hingga 375 darjah.
Cairkan mentega dalam periuk, kemudian campurkan dalam tepung dan masak perlahan-lahan, kacau, selama 2 minit tanpa keperangan. Keluarkan dari haba. Tuangkan semua stok panas atau bouillon sekaligus dan pukul kuat-kuat dengan cambuk dawai untuk sebati. Rebus, kacau, selama 1 minit. Masukkan bawang yang telah dimasak dan reneh selama 5 minit. Masukkan cendawan dan reneh selama 5 minit lagi. Nipiskan dengan sesudu krim, tetapi sos mestilah agak pekat. perasa yang betul; tambah dua pertiga daripada keju. Sapukan mentega pada hidangan pembakar. Sapukan satu atau dua sudu sos di bahagian bawah hidangan. Garam dan

lada lembu dan letakkan dalam kepingan bertindih dalam hidangan, dengan satu sudu sos dan sepotong ham pilihan di antara setiap satu. Tutup dengan baki sos, taburkan pada baki keju, dan taburkan dengan mentega. Ketepikan atau sejukkan sehingga kira-kira $\frac{1}{2}$ jam sebelum dihidangkan.

Untuk menyelesaikan memasak, letakkan di bahagian atas sepertiga ketuhar 375 darjah yang telah dipanaskan terlebih dahulu sehingga ia berbuih dan bahagian atasnya menjadi perang sedikit. Jangan terlalu masak.

38. Foies De Volaille Sautés, Madeire

BAHAN-BAHAN:
1 lb. hati ayam (kira-kira 2 cawan)
Garam dan lada
½ cawan tepung dalam pinggan
Penapis yang besar
2 sudu besar mentega
1 sb minyak masak
Kuali enamel atau tidak melekat 10 inci yang berat
Pilihan: 1 cawan ham rebus yang dipotong dadu, sebelum ini ditumis dalam mentega, dan/atau 1 cawan cendawan segar dibelah empat, sebelum ini ditumis dalam mentega
½ cawan stok daging lembu atau bouillon
⅓ cawan kering Sercial Madeira
1 sudu besar mentega lembut
1 sudu besar pasli cincang segar

ARAHAN:
Angkat hati ayam; potong mana-mana filamen dan bintik hitam atau kehijauan (ini disebabkan oleh kantung hempedu yang terletak pada hati sebelum dibersihkan). Keringkan pada tuala kertas. Sejurus sebelum memasak, taburkan sedikit garam dan lada sulah, canai tepung, kemudian goncang dalam ayak untuk mengeluarkan lebihan tepung.
Cairkan mentega dan minyak dalam kuali dengan api yang sederhana tinggi. Apabila anda melihat buih mentega mula surut, masukkan hati ayam. Tos kerap selama 3 hingga 4 minit sehingga hati menjadi perang sedikit; ia dilakukan apabila hanya kenyal dengan sentuhan jari anda. Jangan terlalu masak. Tambah ham dan cendawan tumis pilihan, tuangkan stok dan wain, dan reneh selama 1 minit. Rasa dan perasa yang betul. (Ketepikan sehingga kemudian jika anda belum bersedia untuk dihidangkan.) Panaskan semula sejurus

sebelum dihidangkan, kemudian keluarkan dari api dan toskan dengan mentega lembut dan pasli.

39. Timbale De Foies De Volaille / Acuan Hati Ayam

BAHAN-BAHAN:

CAMPURAN KASTAD

1 lb. hati ayam (kira-kira 2 cawan)
2 biji telur (gred AS "besar")
2 biji kuning telur
¼ sudu kecil garam
⅛ sudu kecil lada
1 cawan sos putih pekat (1½ sudu besar mentega, 2 sudu besar tepung dan 1 cawan susu)
Pilihan: ⅓ cawan krim pekat
Port 2 Tb, Madeira, atau cognac

MEMBAKAR DAN MENGHIDANG

Satu hidangan pembakar 4 cawan sedalam 2¼ hingga 3 inci, atau 8 setengah cawan ramekin atau cawan kastard
1 sb mentega lembut
Satu kuali berisi air mendidih untuk menampung hidangan pembakar atau ramekin
2 cawan hollandaise atau béarnaise; atau sos krim berperisa dengan 1 sudu kecil pes tomato dan tarragon atau pasli (lihat halaman ini)

ARAHAN:

Pilih hati ayam, potong sebarang filamen dan bintik hitam atau kehijauan. Letakkannya di dalam balang pengisar elektrik dengan telur, kuning telur, garam dan lada, dan kisar selama 1 minit. Masukkan sos putih dan wain atau cognac, gaul selama 15 saat lagi, dan tapis melalui ayak ke dalam mangkuk. (Atau tulen hati ayam melalui kilang makanan atau pengisar daging ke dalam mangkuk, pukul bahan-bahan lain dan tolak melalui ayak.)
Panaskan ketuhar hingga 350 darjah.

Lumurkan lapisan tipis mentega di dalam hidangan pembakar atau ramekin dan isikan dalam $\frac{1}{8}$ inci bahagian atas dengan campuran hati. Apabila sudah siap untuk dibakar, masukkan ke dalam kuali berisi air mendidih, kemudian masukkan ke dalam ketuhar yang telah dipanaskan terlebih dahulu. Selaraskan air dalam kuali supaya ia hampir tetapi tidak cukup mendidih. Timbale dilakukan apabila ia menunjukkan garis pengecutan yang sangat samar dari hidangan, dan apabila pisau menjunam ke tengah keluar bersih. Biarkan kira-kira 30 minit di dalam ketuhar untuk timbale yang dibuat dalam hidangan pembakar; kira-kira 20, jika anda menggunakan ramekin. (Jika tidak dihidangkan serta-merta, biarkan dalam kuali air dalam ketuhar yang dimatikan, dengan pintu terbuka—atau panaskan semula jika perlu.)

Untuk membuka acuan timbale yang dibuat dalam hidangan pembakar, biarkan selama 5 minit jika anda baru sahaja selesai membakar, kemudian goncangkan pisau di sekeliling tepi timbale. Terbalikkan hidangan hidangan panas yang telah disapu sedikit mentega di atas acuan, kemudian terbalikkan kedua-duanya, memberikan sentakan tajam ke bawah, dan timbale akan jatuh ke tempatnya. Untuk membuka acuan ramekin, jalankan pisau di sekeliling tepi setiap satu, dan buka acuan ke atas pinggan panas atau pinggan, memberikan jeritan tajam ke bawah untuk setiap satu di hujungnya.

Tuangkan sos ke atas dan sekitar timbale atau ramekin, dan hidangkan segera, masukkan baki sos dalam mangkuk yang telah dipanaskan.

Timbales adalah yang terbaik sebagai hidangan berasingan, dengan roti Perancis panas dan Burgundy putih sejuk, Graves, atau Traminer.

40. Canard a l'Oren / Itik Panggang dengan Sos Oren

BAHAN-BAHAN:

STOK UNTUK SOS
- Hujung sayap itik, leher, giblets
- 2 sb minyak masak
- 1 lobak merah sederhana, dihiris
- 1 bawang sederhana, dihiris
- 1 cawan bouillon daging lembu
- 2 cawan air
- 4 tangkai pasli, 1 daun bay, dan $\frac{1}{4}$ sudu teh sage

KULIT OREN
- 4 oren berwarna terang, pusat atau Valencia, jika boleh
- 1 liter air

MEMANGGANG ITIK
- Masa memanggang: 1 jam dan 30 hingga 40 minit.
- A 5-lb. anak itik siap masak
- $\frac{1}{2}$ sudu kecil garam
- $\frac{1}{8}$ sudu kecil lada
- ⅓ daripada kulit oren yang disediakan
- Kuali panggang cetek dengan rak, cukup besar untuk memegang itik dengan mudah

MENERUSKAN DENGAN SOS; SEGMEN OREN
- 3 sudu besar gula pasir
- $\frac{1}{4}$ cawan cuka wain merah
- 2 cawan stok itik
- 2 Tb anak panah dicampur dengan 2 Tb port
- Selebihnya kulit oren, dan oren

PERHIMPUNAN AKHIR DAN BERKHIDMAT
- $\frac{1}{2}$ cawan port kering
- Asas sos yang disediakan
- 2 hingga 3 sudu besar minuman keras oren
- Titisan pahit oren atau jus lemon
- 2 hingga 3 Tb mentega lembut

ARAHAN:

a) Potong hujung sayap itik, leher dan ayam betina menjadi kepingan 1 inci. Perang dalam kuali dalam minyak masak panas bersama lobak merah dan bawang yang dihiris. Pindahkan ke dalam periuk berat, tambahkan bouillon dan air yang cukup untuk menutupi 1 inci. Biarkan sehingga mendidih, buang buih, kemudian masukkan herba dan reneh 2 hingga $2\frac{1}{2}$ jam. Tapis, buang semua lemak, dan rebus sehingga anda mempunyai 2 cawan cecair. Apabila sejuk, tutup dan sejukkan sehingga diperlukan.

b) Menggunakan pengupas sayuran, keluarkan hanya bahagian kulit oren dalam jalur. Potong julienne halus (jalur kecil tidak lebih daripada 1/16 inci lebar dan $1\frac{1}{2}$ inci panjang). Rebus selama 15 minit dalam 1 liter air, untuk menghilangkan kepahitan; kemudian toskan, bilas dalam air sejuk, dan keringkan dengan tuala kertas. Sebahagian daripada kulit masuk ke dalam sos; bahagian, di dalam itik. Balut dalam kertas berlilin dan sejukkan jika anda belum bersedia untuk menggunakannya. Balut dan sejukkan oren yang telah dikupas separa sehingga kemudian.

c) Sediakan itik seperti yang diterangkan pada permulaan resipi; kering dengan teliti, perasakan rongga dengan garam dan lada, dan tambah kulit oren. Kekuda sayap dan kaki ke badan dan rongga rapat. Untuk pemasaan yang tepat, itik mestilah pada suhu bilik.

d) Jika anda memanggang itik secara putar, gunakan api yang sederhana tinggi. Untuk pemanggangan ketuhar, panaskan hingga 450 darjah dan tetapkan dada itik di atas rak dalam kuali pembakar; selepas 15 minit, turunkan ketuhar kepada 350 darjah, kemudian pusingkan itik dari satu sisi ke sisi yang lain setiap 15 minit, dan ke belakang selama 15 minit terakhir. Basting tidak perlu.

e) Untuk mengetahui bila itik siap, cucuk bahagian paling tebal batang dram dalam-dalam dengan garpu: jus harus mengalir kemerahan samar-samar untuk jelas; apabila itik dikeringkan, titisan terakhir jus dari lubang udara akan mengalir kemerah-merahan hingga kuning jernih.

f) Kisar gula dan cuka dalam periuk kecil, pukul di atas api untuk mencairkan gula sepenuhnya, kemudian rebus dengan cepat sehingga adunan menjadi perang karamel. Keluarkan dari haba dan pukul separuh stok itik; reneh, kacau, untuk membubarkan karamel. Keluarkan dari api, tuangkan stok itik yang lain, dan campurkan dalam adunan anak panah. Tambah kulit oren dan reneh selama 3 hingga 4 minit; perasa betul betul. Sos akan menjadi sedikit pekat, dan jelas.

g) Sejurus sebelum dihidangkan, potong bahagian putih yang dikupas oren, dan kemudian potong oren menjadi bahagian yang kemas dan tidak berkulit—jika dilakukan terlalu jauh ke hadapan, bahagian tidak akan terasa segar. Sejukkan dalam mangkuk bertutup sehingga masa hidangan.

h) Apabila itik siap, letakkan di atas pinggan hidangan dan buang tali kekuda; panaskan dalam ketuhar yang dimatikan sehingga sedia untuk dihidangkan. Sudukan lemak daripada kuali pembakar, tuangkan wain port, dan kikis semua jus pemanggang yang terkumpul dengan sudu kayu. Tuangkan campuran ke dalam sos dan biarkan mendidih, tambah minuman keras oren. Rasa dengan teliti; tambah titisan pahit atau jus lemon jika sos kelihatan terlalu manis. Sejurus sebelum dihidangkan, keluarkan dari api dan putar dalam mentega, satu sudu pada satu masa.

i) Hiaskan bahagian dada itik dengan bahagian oren dan longgokan bahagian lain pada kedua-dua hujung pinggan; sudukan sedikit sos dan kupas itik, tuangkan rehat ke dalam periuk suam, dan hidangkan.

41. Canard a La Montmorency

BAHAN-BAHAN:

1 sudu besar jus lemon
3 Tb port atau cognac
Gula secukup rasa (2 hingga 3 sudu besar)
4 cawan jeli daging berperisa wain dalam periuk
Pinggan hidangan 12 inci
A $4\frac{1}{2}$-lb. itik panggang, disejukkan dan diukir menjadi kepingan hidangan

ARAHAN:

Masukkan ceri dalam mangkuk dengan jus lemon, port atau cognac, dan gula. Biarkan mereka memerah (curam) selama 20 hingga 30 minit. Kemudian masukkan ceri dan jus pemerahannya ke dalam jeli daging. Jika menggunakan ceri segar, panaskan di bawah reneh selama 3 hingga 4 minit untuk merebus perlahan-lahan tanpa pecah; panaskan 1 minit sahaja untuk ceri tin. Toskan dan sejukkan.

Tuangkan lapisan $\frac{1}{8}$-inci jeli suam ke dalam pinggan dan sejukkan selama 15 hingga 20 minit sehingga ditetapkan. Kupas kulit daripada itik yang diukir, dan susun kepingan itik dalam reka bentuk yang menarik di atas lapisan jeli yang sejuk di atas pinggan. Sendukkan lapisan jeli sirap sejuk ke atas itik (lapisan pertama tidak akan melekat dengan baik), sejukkan 10 minit, dan ulangi dengan lapisan berturut-turut sehingga anda mempunyai salutan 1/16 inci.

Celupkan ceri sejuk ke dalam sedikit agar-agar sirap, susun atas itik, dan sejukkan lagi sehingga set. Sudukan satu atau dua lapisan terakhir jeli ke atas itik dan ceri. Tuangkan baki jeli ke dalam pinggan, sejukkan, cincang, dan sudukan di sekeliling itik. Jika anda mempunyai jeli tambahan, anda juga mungkin ingin membuat lebih banyak hiasan dengan potongan jeli. Sejukkan itik sehingga masa hidangan—anda boleh menyiapkan hidangan sehari lebih awal.

42. Homard a l'Américaine

BAHAN-BAHAN:
MENENGAH LOBSTER
Tiga 1½-lb. udang galah hidup
3 sudu besar minyak zaitun
Kuali atau kaserol enamel berat 12 inci
Merebus dalam wain dan perasa
1 lobak merah sederhana, potong dadu halus
1 biji bawang sederhana, dihiris halus
Garam dan lada
3 Sb bawang merah atau daun bawang dikisar
1 ulas bawang putih tumbuk
⅓ cawan cognac
1 lb. tomato, dikupas, dibiji, dijus, dan dicincang; atau ⅓ cawan sos tomato biasa
2 sudu besar pes tomato, atau lebih banyak sos tomato jika perlu
1 cawan stok ikan atau ⅓ cawan jus kerang
1 cawan vermouth putih kering
½ cawan stok daging lembu atau bouillon
2 sudu besar pasli cincang
1 sudu kecil tarragon kering, atau 1 sudu kecil tarragon segar
MENYELESAIKAN LOBSTER
Karang udang galah dan jirim hijau
6 Sb mentega lembut
Satu set ayak di atas mangkuk 2 liter
Sudu kayu
BERKHIDMAT
Satu cincin nasi kukus atau risotto di atas pinggan yang panas dan disapu mentega
2 hingga 3 sudu besar pasli cincang, atau pasli dan tarragon segar

ARAHAN:

Sediakan udang galah seperti yang diterangkan dalam perenggan sebelumnya. Panaskan minyak dalam kuali sehingga sangat panas tetapi tidak berasap. Masukkan kepingan udang galah, bahagian daging ke bawah, dan tumis selama beberapa minit, putarkannya, sehingga kulitnya menjadi merah terang. Keluarkan udang galah ke ulam.

Panaskan ketuhar hingga 350 darjah.

Kacau lobak merah dan bawang yang dipotong dadu ke dalam kuali, dan masak perlahan-lahan selama 5 minit atau sehingga hampir empuk. Perasakan udang galah dengan garam dan lada sulah, kembalikan ke kuali, dan masukkan bawang merah atau daun bawang dan bawang putih. Dengan kuali di atas api sederhana, tuangkan cognac. Elakkan muka anda, nyalakan cognac dengan mancis yang menyala, dan goncangkan kuali perlahan-lahan sehingga api telah reda. Masukkan bahan-bahan yang lain, masak hingga mendidih, tutup dan masak perlahan-lahan sama ada di atas dapur atau di paras tengah ketuhar yang telah dipanaskan. Kawal haba supaya udang galah mereneh secara senyap selama 20 minit.

Semasa lobster sedang mendidih, paksa karang udang galah dan bahan hijau dengan mentega melalui ayak dan ke dalam mangkuk. Mengetepikan.

Apabila udang galah siap, keluarkan ke ulam. (Keluarkan daging daripada cangkerang jika perlu.) Tetapkan kuali dengan cecair masaknya di atas api yang tinggi dan rebus dengan cepat sehingga sos berkurangan dan pekat sedikit; ia akan lebih pekat apabila campuran mentega-dan-karang ditambah kemudian. Rasa dengan teliti untuk perasa. Kembalikan udang galah kepada sos.

Resipi boleh disiapkan hingga ke tahap ini, dan selesai kemudian.

Didihkan udang galah sehingga panas. Keluarkan dari haba. Pukul setengah cawan sos panas dengan titisan ke dalam campuran karang-dan-mentega, kemudian tuangkan campuran itu semula ke atas udang galah. Goncang dan putar kuali dengan api perlahan selama 2 hingga 3 minit untuk merebus karang dan memekatkan sos, tetapi jangan biarkan mendidih. Susun udang galah dan sos dalam cincin nasi, hias dengan herba, dan hidangkan segera. Wain putih yang kuat dan kering seperti Burgundy atau Côtes du Rhône akan menjadi pilihan terbaik anda.

43. Potee Normande: Pot-Au-Feu

BAHAN-BAHAN:
DAGING LEMBU DAN BABI ATAU DUDUNG LEMBU
- Cerek yang cukup besar untuk memuatkan semua bahan yang disenaraikan dalam resipi
- A 4-lb. panggang periuk beef-chuck tanpa tulang
- A 4-lb. daging babi tanpa tulang atau bahu anak lembu
- 2 setiap satu rusuk saderi, lobak merah, bawang
- 1 lb. daging lembu dan tulang lembu, retak
- Sejambak herba besar: 8 tangkai pasli, 6 biji lada, 4 ulas, 3 ulas bawang putih, 2 sudu teh thyme, 2 daun bay, semuanya diikat dengan kain keju yang telah dibasuh
- 2 Tb garam

AYAM DAN SUMBAT
- 4 cawan serbuk roti putih basi
- Mangkuk adunan besar
- $\frac{1}{4}$ hingga $\frac{1}{2}$ cawan bouillon atau susu
- $\frac{1}{4}$ cawan mentega cair
- $\frac{1}{4}$ cawan ham rebus potong dadu
- 3 auns ($\frac{1}{2}$ pakej) keju krim
- $\frac{1}{2}$ sudu teh thyme
- 1 biji telur
- Hati ayam yang dicincang, jantung dan hempedu yang dikupas, sebelum ini ditumis dalam mentega dengan $\frac{2}{3}$ cawan bawang cincang
- Garam dan lada sulah secukup rasa
- A 4-lb. merebus ayam

HIASAN SAYURAN DAN SOSEJ
- Lobak merah, dikupas dan dibelah empat
- Lobak, dikupas dan dibelah empat
- Bawang, dikupas, hujung akar dicucuk
- Daun bawang, dipotong hingga 6 hingga 8 inci panjang, bahagian hijau dibelah memanjang, dicuci bersih

- Sosej Poland keseluruhan atau sosej Itali individu

ARAHAN:

a) Pastikan daging lembu dan daging babi atau anak lembu diikat dengan selamat; pada setiap kepingan daging, pasangkan tali yang cukup panjang untuk diikat pada pemegang cerek. Letakkan daging lembu dalam cerek; mengikat tali untuk mengendalikan. Masukkan sayur-sayuran, tulang, jambangan herba, dan garam, dan tutup 6 inci dengan air sejuk. Biarkan mendidih, buang buih, dan reneh selama 1 jam. Kemudian masukkan daging lembu atau daging babi.

b) Letakkan serbuk roti dalam mangkuk, lembapkan dengan sedikit bouillon atau susu, kemudian pukul mentega, ham, keju, thyme, telur, dan giblet, dan perasakan dengan garam dan lada sulah secukup rasa. Sumbat dan kekud ayam, ikat tali panjang padanya, masukkan ke dalam cerek dan ikat hujung tali untuk mengendalikan. Bawa cerek dengan cepat kembali sehingga mendidih, skim jika perlu.

c) Sediakan sayur-sayuran dan ikat setiap kumpulan dalam kain kasa yang telah dibasuh; masukkan ke dalam cerek $1\frac{1}{2}$ jam sebelum tamat anggaran masa mereneh. Tambah sosej, atau sosej (diikat dengan kain keju), $\frac{1}{2}$ jam sebelum tamat.

d) Daging dan ayam dilakukan apabila garpu menembusi daging dengan mudah. Jika potee selesai sebelum anda bersedia, ia akan kekal hangat selama 45 minit, atau mungkin dipanaskan semula.

BERKHIDMAT

e) Untuk menghidangkan, toskan daging, potong dan buang tali, dan susun daging dan ayam di atas pinggan yang besar dan panas. Edarkan sayur-sayuran di sekeliling, taburkan pasli, dan lumurkan dengan sedikit stok masak.

Tapis dan degrease semangkuk stok masak untuk dihidangkan bersama pinggan.

f) Cadangan iringan: nasi atau kentang rebus; tomato, caper, atau sos lobak; Garam kosher; jeruk; Roti Perancis; wain merah atau rosé.

44. Filets De Poisson En Soufflé

BAHAN-BAHAN:
MENURUT IKAN
- ½ lb. menggelepar tanpa kulit atau fillet tunggal
- Periuk enamel atau keluli tahan karat
- ½ cawan vermouth putih kering
- ditambah air, atau 1½ cawan stok ikan wain putih
- 1 sb bawang merah cincang, bawang hijau, atau daun bawang
- Garam dan lada

CAMPURAN SOUFFLE
- 2½ sudu besar mentega
- 3 sb tepung
- Periuk 2½ liter
- ¾ cawan susu panas
- Garam, lada sulah, dan buah pala
- 1 biji kuning telur
- 5 biji putih telur dipukul kaku
- ½ cawan keju Swiss parut kasar

ARAHAN:
a) Letakkan ikan dalam periuk dengan vermouth atau stok ikan dan air sejuk yang cukup untuk ditutup. Masukkan bawang merah dan perasa.

b) Reneh tanpa bertutup selama kira-kira 6 minit, atau sehingga ikan baru masak; keluarkan ikan ke ulam. Didihkan cecair masak dengan cepat sehingga anda mempunyai kira-kira ½ cawan; simpan separuh untuk campuran soufflé dan selebihnya untuk sos.

c) Masak mentega dan tepung bersama dalam periuk selama 2 minit tanpa pewarna. Keluarkan dari haba. Pukul susu panas dengan cambuk dawai, kemudian ¼ cawan cecair memasak ikan. Didihkan, kacau, selama 1 minit. Keluarkan dari haba. Pukul dalam kuning telur. Kacau dalam satu perempat daripada putih telur yang dipukul, kemudian lipat perlahan-lahan dalam baki putih telur dan semua kecuali 2 sudu besar keju.

MEMBAKAR SOUFFLE

d) Panaskan ketuhar hingga 425 darjah.
e) Sedikit mentega pada pinggan tahan api bujur kira-kira 16 inci panjang. Sapukan lapisan $\frac{1}{4}$ inci campuran soufflé di bahagian bawah pinggan. Potong isi ikan yang telah di rebus dan bahagikan kepada 6 bahagian di atas pinggan. Timbunkan baki campuran soufflé ke atas ikan, buat 6 busut.
f) Taburkan dengan baki keju dan letakkan di atas rak di bahagian atas sepertiga ketuhar yang telah dipanaskan. Bakar selama 15 hingga 18 minit, atau sehingga soufflé mengembang dan berwarna perang di atasnya.

45. Cassoulet

BAHAN-BAHAN:
KACANG

- Cerek 8 liter yang mengandungi 5 liter air mendidih dengan cepat
- 5 cawan (2 paun.) kacang putih kering (Great Northern atau California putih kecil)
- ½ lb. kulit babi segar atau garam
- 1 lb. daging babi garam tanpa lemak direneh selama 10 minit dalam 2 liter air
- Periuk yang berat
- 1 cawan hirisan bawang besar
- Sejambak herba yang besar: 8 tangkai pasli, 4 ulas bawang putih yang belum dikupas, 2 ulas, ½ sudu teh thyme, dan 2 daun bay semuanya diikat dengan kain tipis yang telah dibasuh.
- garam

BABI

- 2½ paun. daging babi panggang (pinggang atau bahu), lemak berlebihan dikeluarkan

DOMBA

- 2½ paun. tulang bahu kambing
- 3 hingga 4 TB minyak masak
- Kaserol kalis api berat atau kuali besar
- 1 lb. retak tulang kambing
- 2 cawan bawang cincang
- 4 ulas bawang putih tumbuk
- 6 TB pes tomato
- ½ sudu teh thyme
- 2 daun salam
- 2 cawan vermouth putih kering
- 3 cawan bouillon daging lembu
- 1 cawan air

- Garam dan lada

KEK SOSEJ HOMEMADE
- 1 lb. (2 cawan) daging babi yang dikisar tanpa lemak
- ⅓ lb. (⅔ cawan) segar, lemak babi yang dikisar
- 2 sudu kecil garam
- ⅛ sudu kecil lada
- Lada sulah secubit besar
- ⅛ sudu teh daun bay yang hancur
- Seulas kecil bawang putih tumbuk
- Pilihan: ¼ cawan cognac atau armagnac dan/atau 1 truffle cincang kecil dan jus daripada tin

PEMASANGAN AKHIR
- 2 cawan serbuk roti putih kering
- ½ cawan pasli cincang
- Kaserol kalis api 8 liter atau hidangan pembakar setinggi 5 hingga 6 inci
- 3 sudu besar lemak babi panggang atau mentega cair

ARAHAN:

a) Titiskan kacang ke dalam air mendidih. Bawa kembali dengan cepat sehingga mendidih dan rebus selama 2 minit. Angkat dari api dan biarkan kacang rendam selama 1 jam. Sementara itu, letakkan kulit babi dalam periuk dengan 1 liter air, masak sehingga mendidih, dan rebus selama 1 minit. Toskan, bilas dalam air sejuk, dan ulangi proses itu. Kemudian, dengan gunting, potong kulit menjadi jalur ¼ inci lebar; potong jalur menjadi segi tiga kecil. Letakkan sekali lagi ke dalam periuk, tambah 1 liter air, dan reneh dengan perlahan selama 30 minit; ketepikan periuk.

b) Sebaik sahaja kacang telah direndam selama 1 jam, masukkan daging babi garam, bawang, paket herba, dan kulit babi bersama cecair masaknya ke dalam cerek. Didihkan, buang buih, dan reneh perlahan-lahan, tidak bertutup, selama kira-kira $1\frac{1}{2}$ jam atau sehingga kacang empuk sahaja. Tambah air mendidih, jika perlu semasa memasak, untuk memastikan kacang ditutup. Perasakan secukup rasa dengan garam pada akhir memasak. Biarkan kacang dalam cecair masak sehingga sedia untuk digunakan.

c) Panggang daging babi pada suhu dalaman 175 darjah. Ketepikan, tempah jus masakan.

d) Potong kambing menjadi kepingan 2 inci, keringkan dengan teliti, dan perang beberapa keping pada satu masa dalam minyak masak yang sangat panas dalam kaserol kalis api atau kuali besar. Keluarkan daging ke dalam ulam, perangkan tulang, keluarkan dan perangkan bawang sedikit. Toskan lemak perang, kembalikan daging dan tulang, dan kacau dalam bawang putih, pes tomato, thyme, daun bay, wain dan bouillon. Bawa hingga mendidih, perasakan sedikit, tutup, dan reneh perlahan selama $1\frac{1}{2}$ jam. Buang tulang dan daun bay, kurangkan lemak, dan perasakan jus masak dengan garam dan lada sulah secukup rasa.

e) Pukul semua bahan bersama; bentukkan kek berdiameter 2 inci dan tebal $\frac{1}{2}$ inci. Perangkan sedikit dalam kuali, dan toskan di atas tuala kertas.

f) Toskan kacang, buang paket herba, dan potong daging babi garam menjadi kepingan hidangan $\frac{1}{4}$ inci. Potong daging babi panggang menjadi kepingan hidangan $1\frac{1}{2}$ hingga 2 inci. Susun lapisan kacang di bahagian bawah kaserol atau hidangan pembakar. Tutup dengan lapisan kambing, daging babi, babi garam, dan kek sosej. Ulangi dengan lapisan kacang dan daging, berakhir dengan lapisan kek sosej.

g) Tuangkan jus memasak kambing, jus panggang daging babi, dan cecair masak kacang yang mencukupi untuk menutup lapisan atas kacang. Campurkan serbuk roti dan pasli bersama-sama, sapukan ke atas kacang dan kek sosej, dan gosok pada lemak atau mentega. Ketepikan atau sejukkan sehingga sedia untuk memasak terakhir.

MEMBAKAR

h) Panaskan ketuhar hingga 400 darjah.
i) Bawa kaserol hingga mendidih di atas dapur, kemudian letakkan dalam sepertiga bahagian atas ketuhar yang telah dipanaskan. Apabila bahagian atas telah berkerak sedikit, dalam kira-kira 20 minit, turunkan ketuhar kepada 350 darjah. Pecahkan kerak ke dalam kacang dengan belakang sudu, dan lumurkan dengan cecair di dalam kaserol.
j) Ulang beberapa kali apabila kerak terbentuk semula, tetapi biarkan kerak akhir utuh untuk dihidangkan. Jika cecair menjadi terlalu pekat, tambah beberapa sudu jus masak kacang. Cassoulet perlu dibakar selama kira-kira sejam.

46. Coulibiac De Saumon En Croûte

BAHAN-BAHAN:
doh PASTRI
- 4 cawan tepung serba guna (diayak terus ke dalam setiap cawan, dan ratakan dengan pisau rata)
- Mangkuk adunan besar
- $1\frac{3}{4}$ batang (7 auns) mentega sejuk
- 4 Tb pemendekan sayuran sejuk
- 2 sudu kecil garam dilarutkan dalam $\frac{3}{4}$ cawan air sejuk
- 1 atau lebih Tb air sejuk, mengikut keperluan
- 2 sb mentega lembut (untuk penutup)

NASI
- 2 sb bawang besar kisar
- 2 sudu besar mentega
- Periuk berat 2 liter
- $1\frac{1}{2}$ cawan beras kering, mentah, kosong
- 3 cawan ikan atau bouillon ayam
- Garam dan lada

PENUTUP ATAS (PAstri PUFF Olok-olok, ATAU KUIH GEMPAK)
- 2 sudu besar mentega lembut

SALMON DAN CENDAWAN
- 2 cawan cendawan dihiris halus, sebelum ini ditumis dalam mentega
- $\frac{1}{2}$ cawan bawang merah atau daun bawang yang dikisar halus
- 2 sudu besar mentega
- $\frac{1}{2}$ cawan vermouth putih kering
- $\frac{1}{4}$ cawan cognac
- $2\frac{1}{2}$ cawan salmon tanpa kulit dan tanpa tulang, dalam tin atau dimasak sebelum ini
- $\frac{1}{2}$ cawan pasli segar cincang
- 1 sudu kecil oregano atau tarragon

- Garam dan lada

MENGISI DAN MENGHIAS KES
- 2 cawan sos krim berperisa baik, menggabungkan jus salmon, jika ada
- Egg glaze (1 biji telur dipukul dengan 1 sudu kecil air)

ARAHAN:

a) Letakkan tepung dalam mangkuk adunan dan sapukan mentega sejuk dan pendekkan ke dalamnya dengan pengisar pastri atau hujung jari anda sehingga adunan menyerupai tepung jagung kasar. Dengan jari-jari yang ditekup sebelah tangan, sebati dengan cepat dalam air, tekan doh bersama-sama, tambah lebih banyak air dengan titisan jika perlu, untuk membuat doh yang lentur tetapi tidak lembap dan melekit.

b) Kumpulkannya menjadi bola, letakkan di atas papan, dan cepat-cepat tolak dua sudu besar itu keluar dan menjauhi anda dengan tumit tangan anda dalam sapuan 6 inci. Ini merupakan adunan terakhir lemak dan tepung. Tekan menjadi bola, balut dengan kertas lilin, dan sejuk selama 2 jam atau sehingga pejal.

KES BAWAH

c) Panaskan ketuhar hingga 425 darjah.

d) Gulungkan dua pertiga daripada doh ke dalam segi empat tepat $\frac{1}{8}$ inci tebal dan cukup besar untuk dimuatkan di bahagian luar bahagian bawah kuali roti 13 hingga 14 inci panjang dan 3 inci lebar. Mentega di luar kuali, terbalikkan, dan pasangkan doh di atasnya, biarkan doh turun hingga kedalaman 2 inci. Potong doh rata di sekeliling dan cucuk seluruhnya dengan garpu. Bakar selama 6 hingga 8 minit dalam ketuhar yang telah dipanaskan, sehingga doh baru sahaja mengeras dan mula berwarna. Keluarkan dan buka acuan di atas rak.

e) Gulungkan baki doh ke dalam segi empat tepat, sapukan separuh bahagian bawah dengan 1 sudu mentega lembut, dan lipat separuh bahagian atas untuk menutup bahagian bawah. Ulangi dengan satu lagi sudu mentega. Balut dengan kertas lilin dan sejukkan.

f) Tumis bawang dalam mentega dalam periuk selama 5 minit tanpa biarkan ia berwarna perang. Kacau beras, masak perlahan selama beberapa minit sehingga bijirin menjadi susu, kemudian kacau dalam bouillon. Biarkan mendidih, kacau sekali, kemudian tutup kuali dan masak dengan api sederhana cepat tanpa dikacau selama kira-kira 18 minit, sehingga nasi menyerap cecair. Tumbuk perlahan dengan garpu dan perasakan dengan garam dan lada sulah. (Boleh dilakukan lebih awal.)

g) Masak bawang merah atau daun bawang perlahan-lahan dalam mentega selama 2 minit; kacau dalam cendawan, vermouth, dan cognac, dan rebus selama beberapa minit untuk menyejat alkohol. Kemudian kacau dalam salmon, pasli, dan tarragon, dan panaskan selama beberapa minit untuk menggabungkan rasa. Perasakan dengan garam dan lada sulah secukup rasa. (Boleh dilakukan lebih awal.)

h) Panaskan ketuhar hingga 425 darjah.

i) Letakkan bekas pastri di atas loyang yang disapu sedikit mentega. Susun lapisan beras di bahagian bawah bekas, tutup dengan lapisan cendawan dan salmon, kemudian dengan lapisan sos. Ulangi dengan lapisan beras, salmon dan sos, lekapkan isi anda di dalam kubah jika ia melimpah ke dalam bekas.

j) Gulungkan doh yang dikhaskan untuk penutup atas anda menjadi segi empat tepat $1\frac{1}{2}$ inci lebih panjang dan lebih lebar pada setiap sisi daripada bekas pastri anda. Cat bahagian tepi bekas dengan telur yang telah dipukul, letakkan di atas penutup doh dan tekan rapat pada bekas, untuk mengelak dengan kuat. Canai doh sisa; dipotong menjadi bentuk yang mewah. Cat penutup dengan sayu telur, tampalkan hiasan, dan cat dengan telur.

k) Lukiskan garis garpu di atas sayu telur untuk membuat tanda silang. Cucuk 2 lubang seperlapan inci dalam penutup doh dan masukkan corong kertas atau kerajang; ini akan membolehkan wap keluar. (Jika anda ingin mengisi dan menghias bekas terlebih dahulu, tinggalkan sayu telur, gunakannya hanya untuk menampal hiasan. Sejukkan sehingga masa membakar, kemudian sayu dengan telur.)

l) Bakar dalam ketuhar yang telah dipanaskan pada tahap pertengahan selama 45 hingga 60 minit (lebih lama jika bekas telah disejukkan) sehingga pastri berwarna perang dengan baik dan anda boleh mendengar bunyi menggelegak keluar melalui corong.

BERKHIDMAT

m) Anda mungkin mahukan sos dengan ini; ia memerlukan sedikit pelembapan semasa anda memakannya—mentega cair, mentega lemon, sos krim ringan dengan perasa lemon, hollandaise olok-olok. Kacang polong mentega sesuai dengannya, atau salad sayuran hijau atau campuran.

n) Hidangkan wain Burgundy putih atau Traminer.

47. Veau Sylvie

BAHAN-BAHAN:
MEMECAH DAN MEMPERAP VEAL
- Daging panggang tanpa tulang $3\frac{1}{2}$ paun

BAHAN PERAP
- $\frac{1}{3}$ cawan cognac
- $\frac{1}{3}$ cawan kering Sercial Madeira
- $\frac{1}{2}$ cawan setiap lobak merah dan bawang yang dihiris
- Sejambak herba yang besar: 4 tangkai pasli, 1 daun bay, $\frac{1}{2}$ sudu teh thyme, dan 4 biji lada yang diikat dengan kain keju yang telah dibasuh

SUMBAT DUDUK LEMBU
- 6 atau lebih hirisan ham rebus setebal 1/16 inci
- 12 atau lebih keping keju Swiss setebal 1/16 inci
- Jika anda boleh menjumpainya atau memesannya: Sekeping lemak daging (daging babi)
- Tali putih yang berat

MEMANGGANG PANGGANG
- 3 sudu besar mentega
- 1 sb minyak masak
- Kaserol atau pemanggang bertutup yang cukup besar untuk menampung daging

MEMANGGANG VEAL
- $\frac{1}{2}$ sudu kecil garam
- $\frac{1}{8}$ sudu kecil lada
- 2 keping daging lemak direbus selama 10 minit dalam 1 liter air, dibilas dan dikeringkan (atau sekeping suet)
- Sekeping aluminium foil

SOS DAN MENGHIDANGKAN
- Pinggan hidangan panas
- 1 cawan stok daging lembu atau bouillon
- 1 sudu besar tepung jagung dicampur dalam mangkuk kecil dengan 2 sudu besar Madeira atau stok

- 2 sudu besar mentega lembut

ARAHAN:

a) Buat satu siri potongan selari dalam panggang, kira-kira 1 inci jaraknya, bermula di bahagian atas panggang, dan pergi dengan bijirin sepanjang daging dari satu hujung ke hujung yang lain, dan dalam ½ inci bahagian bawah. daripada panggang. Oleh itu, anda akan mempunyai 3 atau 4 keping daging tebal yang bebas di bahagian atas dan sisi, tetapi semuanya dilekatkan bersama di bahagian bawah.

b) Jika daging anda mengandungi banyak pemisahan otot ia akan kelihatan sangat tidak kemas, tetapi akan diikat dalam bentuk semula kemudian. Jika anda ingin memerap daging, campurkan bahan perapan dalam mangkuk besar, masukkan daging, dan lumurkan dengan cecair. Balikkan dan lumurkan setiap jam atau lebih selama 6 jam sekurang-kurangnya, atau semalaman, di dalam peti sejuk. Toskan daging, dan keringkan dengan teliti sebelum meneruskan ke langkah seterusnya.

c) Letakkan panggang supaya bahagian bawahnya terletak pada papan pemotong anda. Tutup sepenuhnya setiap daun daging dengan lapisan ham di antara dua lapisan keju, kemudian tutup daun daging bersama-sama untuk mengubah bentuk panggang. (Jika anda mempunyai lemak kol, bungkus panggang di dalamnya; ia akan menahan pemadat di tempatnya, dan cair semasa memasak.) Ikat gelung tali di sekeliling daging untuk mengekalkan bentuknya. Keringkan panggang sekali lagi dalam tuala kertas supaya ia akan menjadi perang dengan baik.

d) Panaskan ketuhar hingga 450 darjah.

e) Tapis perapan, untuk memisahkan sayur-sayuran daripada cecair (atau gunakan sayur-sayuran segar). Panaskan mentega dan minyak dalam pembakar dan masak sayur perapan perlahan-lahan selama 5 minit. Tolak mereka ke tepi kuali, naikkan api kepada sederhana tinggi, masukkan daging lembu, bahagian yang belum dipotong ke bawah, dan biarkan bahagian bawah berwarna perang selama 5 minit. Taburkan dengan lemak di dalam kuali, kemudian letakkan kaserol yang tidak bertutup di bahagian atas sepertiga ketuhar yang telah dipanaskan untuk perang bahagian atas dan sisi daging selama kira-kira 15 minit. Lumurkan setiap 4 atau 5 minit dengan mentega dalam kaserol. (Jika anda telah menggunakan lemak kol, anda hanya boleh memerah panggang dalam kuali, jika anda mahu, kemudian teruskan ke langkah seterusnya, meninggalkan daging yang dicelur.)

f) Turunkan ketuhar kepada 325 darjah. Tuangkan cecair perapan, jika anda telah menggunakannya, dan perasakan daging dengan garam dan lada sulah. Letakkan bacon atau suet di atas daging, dan kerajang. Tutup kaserol, dan letakkan dalam sepertiga bahagian bawah ketuhar. Kawal haba supaya daging masak perlahan dan mantap selama kira-kira $1\frac{1}{2}$ jam. Daging dilakukan apabila, jika dicucuk dalam-dalam dengan garpu, jusnya berwarna kuning jernih.

g) Keluarkan daging ke pinggan hidangan, buang tali kekuda dan bacon atau suet.

h) Skim lemak dari jus dalam kaserol, tuangkan dalam stok atau bouillon, dan reneh, kurangkan lemak, selama satu atau dua minit. Angkat api dan rebus dengan cepat, rasa, sehingga rasa telah pekat. Keluarkan dari api, pukul dalam campuran tepung jagung, kemudian rebus, kacau, selama 2 minit. Perasa betul betul.

i) Keluarkan dari haba dan putar dalam mentega pengayaan sehingga ia menyerap. Tapis ke dalam mangkuk kuah panas dan sudukan sedikit ke atas daging.

48. Filets De Sole Sylvestre

BAHAN-BAHAN:
BRUNOIS SAYURAN AROMATIK
- Potong berikut menjadi dadu 1/16 inci, menjadikan $1\frac{3}{4}$ cawan semuanya: 2 bawang sederhana, 2 lobak merah sederhana, 1 batang saderi sederhana, 8 batang pasli
- Periuk kecil bertutup berat
- 2 sudu besar mentega
- $\frac{1}{2}$ daun bay
- $\frac{1}{4}$ sudu teh tarragon
- $\frac{1}{8}$ sudu teh garam
- Secubit lada
- $\frac{1}{4}$ paun cendawan segar dipotong dadu 1/16 inci

MEMASAK IKAN
- 8 fillet tapak kaki, menggelepar atau kapur bersaiz 9 kali 2 inci (2 setiap orang)
- 1 cawan vermouth Perancis putih kering
- Garam dan lada
- Satu hidangan pembakar bersaiz 10 hingga 12 inci, dalam $1\frac{1}{2}$ hingga 2 inci, disapu mentega
- $\frac{1}{4}$ hingga $\frac{1}{2}$ cawan air sejuk

SOS DAN HIDANG
2 periuk keluli tahan karat atau enamel
1 sudu besar mentega
1 sb tepung
1 sb tomato puri atau pes
4 atau lebih Tb mentega lembut

ARAHAN:
a) Selepas memotong kumpulan pertama sayur-sayuran menjadi dadu yang terbaik, masak dengan api perlahan bersama mentega, herba dan perasa selama kira-kira 20 minit. Mereka harus lembut sempurna dan warna emas

paling pucat. Kemudian masukkan cendawan dan masak perlahan-lahan selama 10 minit lagi.
b) Panaskan ketuhar hingga 350 darjah.
c) Skor ikan dengan ringan pada sisi yang bersebelahan dengan kulit; ini adalah bahagian yang agak susu, dan melukis pisau di atasnya memotong membran permukaan, dengan itu menghalang fillet daripada melengkung semasa ia masak. Garam sedikit dan lada fillet, letakkan sesudu sayur-sayuran yang telah dimasak di atas separuh bahagian yang dijaringkan dan lipat menjadi dua, berbentuk baji. Susun ikan dalam satu lapisan dalam loyang.
d) Tuangkan vermouth, dan tambah air sejuk yang cukup hampir untuk menutup ikan. (Jika anda mempunyai bingkai ikan [struktur tulang] meletakkannya di atas ikan.)
e) Tutup dengan kertas lilin. Jika hidangan pembakar anda adalah kalis api, masak hampir mendidih di atas dapur, kemudian letakkan dalam sepertiga bahagian bawah ketuhar yang telah dipanaskan selama kira-kira 8 minit. Jika tidak, masukkan hidangan terus ke dalam ketuhar selama kira-kira 12 minit. Ikan dilakukan apabila garpu menembusi daging dengan mudah, dan daging hampir tidak mengelupas. Jangan terlalu masak. Pastikan hangat dalam ketuhar yang dimatikan, dengan pintu terbuka, semasa membuat sos.
f) Toskan semua cecair memasak ke dalam salah satu periuk dan rebus dengan cepat sehingga cecair telah berkurangan kepada kira-kira ⅔ cawan. Dalam periuk lain, cairkan mentega, campurkan tepung, dan masak perlahan-lahan tanpa pewarna selama 2 minit. Keluarkan dari api dan pukul dengan kuat dalam cecair masak yang dikurangkan, kemudian perasa tomato.

g) Sebelum dihidangkan, keluarkan dari api dan pukul mentega lembut, $\frac{1}{2}$ sudu pada satu masa. (Sos tidak boleh dipanaskan semula setelah mentega masuk.)

h) Toskan ikan sekali lagi, tambah cecair ke dalam sos. Sudukan sos ke atas ikan dan hidangkan segera.

49. Riz Etuvé au Beurre

BAHAN-BAHAN:
- $1\frac{1}{2}$ cawan beras mentah yang bersih, belum dibasuh
- Cerek besar yang mengandungi 7 hingga 8 liter air mendidih dengan cepat
- $1\frac{1}{2}$ sudu kecil garam setiap liter air
- 2 hingga 3 Tb mentega
- Garam dan lada
- Periuk atau kaserol berat 3 liter
- Satu bulatan kertas lilin yang disapu mentega

ARAHAN:
a) Taburkan beras secara beransur-ansur ke dalam air masin yang mendidih, tambah perlahan-lahan supaya air tidak jatuh di bawah mendidih. Kacau sekali, untuk memastikan tiada bijirin melekat pada bahagian bawah cerek.

b) Rebus tanpa penutup dan sederhana cepat selama 10 hingga 12 minit. Mulakan ujian selepas 10 minit dengan menggigit butir beras berturut-turut. Apabila bijirin cukup lembut untuk tidak mempunyai kekerasan di tengah, tetapi belum masak sepenuhnya, toskan beras dalam colander. Siramkannya di bawah air panas yang mengalir selama satu atau dua minit untuk membasuh sebarang kesan tepung beras. (Inilah, ditambah dengan terlalu masak, yang menjadikan nasi melekit.)

c) Dalam periuk atau kaserol, cairkan mentega dan kacau dengan garam dan lada sulah. Setelah beras dicuci, masukkan ke dalam kuali, kembangkan dengan garfu untuk digaul bersama mentega dan perasa.

d) Tutup dengan kertas lilin mentega, kemudian letakkan pada penutup. Kukus di atas air yang mendidih atau, masih dalam air, dalam ketuhar 325 darjah selama 20 hingga 30 minit, sehingga bijirin membengkak dan nasi menjadi lembut. Jika tidak dihidangkan segera, keluarkan dari api dan ketepikan hanya ditutup dengan kertas lilin.

e) Untuk memanaskan semula, tutup dan letakkan di atas air mendidih selama 10 minit atau lebih. Kisarkan lebih banyak garam dan lada sulah secukup rasa sejurus sebelum dihidangkan.

50. Risotto dan La Piémontaise

BAHAN-BAHAN:

2 sudu besar mentega
Periuk 2 liter dengan alas berat
$1\frac{1}{4}$ cawan beras putih mentah yang belum dibasuh
$\frac{1}{4}$ cawan vermouth putih kering
$2\frac{1}{2}$ cawan stok ayam atau bouillon
Garam dan lada

ARAHAN:

Cairkan mentega dengan api sederhana. Masukkan beras dan kacau perlahan-lahan dengan garpu kayu sehingga bijirin menjadi lut sinar, kemudian secara beransur-ansur menjadi putih susu-kira-kira 2 minit.

Masukkan vermouth dan biarkan menyerap, kemudian kacau dalam satu pertiga daripada stok ayam atau bouillon. Kecilkan api dan biarkan nasi masak dengan api paling rendah selama 3 hingga 4 minit, kacau sekali-sekala. (Mulakan daging lembu pada ketika ini, dan lakukan kedua-dua operasi secara serentak.)

Apabila cecair diserap, kacau separuh baki stok dan teruskan memasak perlahan-lahan, kacau sekali-sekala dengan garpu kayu anda, dan apabila cecair terserap semula masukkan stok terakhir.

Apabila ini akhirnya diserap, rasa nasi. Jika tidak selembut yang anda mahu, tambahkan sedikit lagi stok atau air dan tutup kuali selama beberapa minit.

Nasi perlu mengambil masa 15 hingga 18 minit jumlah masa memasak. Perasakan dengan garam dan lada sulah secukup rasa. (Jika selesai lebih awal, tutup dan panaskan semula di atas air panas.)

51. Sauté De Veau (Ou De Porc) Aux Champignons

BAHAN-BAHAN:

- 1½ hingga 2 paun. daging lembu atau daging babi tenderloin dipotong menjadi kepingan 3/4 inci
- Kuali berat 10 inci
- 2 sudu besar mentega
- 1 sb minyak masak
- Satu tin 8 hingga 10 auns batang dan kepingan cendawan
- ½ sudu teh tarragon, thyme, atau herba campuran
- ¼ sudu kecil garam; secubit lada
- Pilihan: ulas kecil bawang putih tumbuk
- 2 atau 3 sudu besar daun bawang dikisar halus
- ¼ cawan Sercial Madeira atau vermouth Perancis putih kering

ARAHAN:

Keringkan daging lembu atau daging babi di atas tuala kertas. Panaskan minyak dan mentega dalam kuali. Apabila buih mentega hampir surut, masukkan daging dan tumis dengan api yang tinggi, kerap diputar, sehingga ia berwarna perang sedikit di semua sisi. Kecilkan api dan teruskan memasak, tos sekali-sekala, sehingga daging menjadi kaku apabila ditekan dengan jari anda. (Jumlah masa memasak ialah 7 hingga 10 minit; dalam tempoh ini anda akan mempunyai masa untuk memikirkan nasi, memotong daun bawang dan pasli, dan memasang sup.)

Toskan cendawan dan masukkan ke dalam daging. Taburkan pada herba, garam dan lada; tambah bawang putih pilihan, dan daun bawang; toskan seketika, kemudian tuangkan jus cendawan dan wain. Didihkan untuk mengurangkan separuh. Ketepikan jika anda belum bersedia untuk dihidangkan dan panaskan semula apabila diperlukan.

52. Bouillabaisse a La Marseillaise / Chowder Ikan Mediterranean

BAHAN-BAHAN:
ASAS SUP
- 1 cawan hirisan bawang kuning
- ¾ hingga 1 cawan daun bawang yang dihiris, bahagian putih sahaja; atau ½ cawan lagi bawang
- ½ cawan minyak zaitun
- Cerek atau kaserol 8 liter yang berat
- 2 hingga 3 cawan tomato segar yang dicincang, atau 1¼ cawan tomato dalam tin yang telah dikeringkan, atau ¼ cawan pes tomato
- 4 ulas bawang putih tumbuk
- 2½ liter air
- 6 tangkai pasli
- 1 daun salam
- ½ sudu teh thyme atau basil
- ⅛ sudu teh adas
- 2 secubit besar kunyit
- Sekeping 2 inci atau ½ sudu kecil kulit oren kering
- ⅛ sudu kecil lada
- 1 sudu besar garam (tiada jika menggunakan jus kerang)
- 3 hingga 4 paun. kepala ikan, tulang, dan hiasan termasuk sisa kerang; atau, 1 liter jus kerang dan 1½ liter air, dan tiada garam

MEMASAK BOUILLABAISSE
- Asas sup
- 6 hingga 8 lbs. pelbagai jenis ikan tanpa lemak, dan kerang jika anda mahu, dipilih dan disediakan mengikut arahan pada permulaan resipi

BERKHIDMAT
- Pinggan panas
- Tureen sup atau kaserol sup
- Pusingan roti Perancis panggang

- ⅓ cawan pasli segar yang dicincang kasar

ARAHAN:
a) Masak bawang dan daun bawang perlahan-lahan dalam minyak zaitun selama 5 minit tanpa keperangan. Masukkan tomato dan bawang putih, dan masak 5 minit lagi.
b) Masukkan air, herba, perasa, dan jus ikan atau kerang ke dalam cerek. Didihkan, skim, dan masak, tanpa penutup, pada mendidih perlahan selama 30 hingga 40 minit. Tapis, perasa betul. Ketepikan, tidak bertutup, sehingga sejuk jika anda tidak menghabiskan bouillabaisse serta-merta, kemudian sejukkan.
c) Didihkan asas sup di dalam cerek kira-kira 20 minit sebelum dihidangkan. Masukkan udang galah, ketam dan ikan yang berdaging padat. Bawa kembali dengan cepat sehingga mendidih dan rebus dengan cepat, tanpa penutup, selama 5 minit. Kemudian masukkan ikan yang berdaging lembut, dan kerang, kerang, dan kerang. Didihkan semula selama 5 minit. Jangan terlalu masak.
d) Segera angkat ikan dan susun di atas pinggan. Rasa sup dengan teliti untuk perasa, letakkan 6 hingga 8 keping roti dalam tureen, dan tuangkan sup. Sudukan senduk sup ke atas ikan, dan taburkan pasli ke atas ikan dan sup. Hidangkan segera.
e) Di meja, setiap tetamu dihidangkan atau membantu dirinya sendiri untuk kedua-dua ikan dan sup, meletakkannya di dalam pinggan sup yang besar. Makan bouillabaisse dengan sudu sup besar dan garpu, dibantu bersama-sama dengan kepingan tambahan roti Perancis. Jika anda ingin menghidangkan wain, anda mempunyai pilihan rosé, wain putih kering yang kuat seperti Côtes du

Rhône atau Riesling, atau merah muda muda seperti Beaujolais atau Mountain Red domestik.

53. Salpicón De Volaille

BAHAN-BAHAN:

- 3 sudu besar mentega
- Kuali atau periuk besar
- 3 hingga 4 Sb bawang merah cincang atau daun bawang
- 3 hingga 4 cawan daging ayam atau ayam belanda dipotong menjadi dadu $\frac{3}{8}$ inci
- Kira-kira 2 cawan ham atau lidah yang dimasak dipotong dadu
- Garam dan lada
- $\frac{1}{2}$ sudu teh tarragon atau oregano
- $\frac{1}{2}$ cawan vermouth putih kering
- Tambahan pilihan: secawan atau lebih cendawan masak, timun, lada hijau, kacang, asparagus atau brokoli; 1 atau 2 biji telur rebus yang dipotong dadu
- 2 hingga 3 cawan sos velouté tebal (lihat nota di bawah)

ARAHAN:

Cairkan mentega dalam periuk atau kuali, kacau dalam bawang merah atau daun bawang, dan masak perlahan-lahan selama 1 minit. Masukkan ayam atau ayam belanda, ham atau lidah, perasakan dengan garam, lada sulah, dan herba. Angkat api dan gaulkan selama 2 minit, untuk memanaskan daging bersama bahan perasa. Tuangkan wain; mendidih dengan cepat sehingga cecair hampir sejat. Lipat dalam tambahan pilihan, dan sos velouté secukupnya untuk menyalut semua bahan. Rasa dengan teliti untuk perasa. Jika tidak digunakan serta-merta, sapukan lapisan atas dengan krim atau mentega cair, dan panaskan semula apabila perlu.

54. Poulet Grillé Au Naturel / Ayam Bakar Biasa

BAHAN-BAHAN:

A 2½-lb. ayam panggang
2 sudu besar mentega
1 sb minyak masak
Kuali panggang atau hidangan pembakar cetek
garam
2 Sb bawang merah atau daun bawang dikisar
½ cawan daging lembu atau bouillon ayam

ARAHAN:

Keringkan ayam dengan teliti dengan tuala kertas. Cairkan mentega bersama minyak masak, sapu seluruh ayam, dan susun kulit di bahagian bawah dalam kuali atau hidangan pembakar. Letakkan ayam supaya permukaan daging adalah 5 hingga 6 inci dari unsur ayam pedaging panas; ayam hendaklah masak perlahan-lahan dan tidak mula keperangan selama 5 minit. Selepas 5 minit, sapu ayam dengan mentega dan minyak; ia sepatutnya mula berwarna coklat. Kawal selia haba dengan sewajarnya. Lumurkan lagi dengan mentega dan minyak dalam masa 5 minit, dan pada penghujung 15 minit, beri basting terakhir, taburkan dengan garam, dan balikkan kulit ayam ke atas. Teruskan memanggang, perap setiap lima minit (menggunakan lemak dan jus dalam kuali) selama 15 minit lagi atau sehingga batang drum menjadi lembut apabila ditekan dan jus menjadi kuning jernih apabila bahagian paling berisi daging gelap dicucuk dalam-dalam.

Keluarkan ayam ke dalam pinggan panas, kurangkan semua kecuali 2 sudu besar lemak peram daripada kuali, dan kacau dalam bawang merah atau daun bawang. Masak di atas dapur, kacau, seketika, kemudian masukkan bouillon. Didihkan dengan cepat, kikis jus masak yang telah digumpalkan ke dalam bouillon sehingga cecair telah berkurangan kepada konsistensi sirap. Tuang atas ayam dan hidangkan. (Untuk menghidang, potong separuh memanjang melalui tulang dada, kemudian angkat setiap bahagian kaki dan tarik bebas dari payudara.)

55. Poulet Grillé a La Diable

BAHAN-BAHAN:

A $2\frac{1}{2}$-lb. ayam panggang
2 sudu besar mentega
1 sb minyak masak
3 Tb mustard disediakan jenis Dijon (kuat).
$1\frac{1}{2}$ sudu besar bawang merah atau daun bawang dikisar
$\frac{1}{4}$ sudu teh thyme, basil atau tarragon
3 titik sos Tabasco
1 cawan serbuk roti putih segar (daripada roti jenis buatan sendiri)

ARAHAN:

Panggang ayam seperti yang diterangkan dalam resipi sebelumnya, tetapi masak selama 10 minit sahaja pada setiap sisi. Pukul mustard, bawang merah atau daun bawang, herba, dan Tabasco dalam mangkuk kecil; kemudian, setitik demi setitik, pukul separuh lemak dan jus dari kuali panggang, untuk membuat sos seperti mayonis. Simpan baki lemak dan jus untuk kemudian.

Sapukan bahagian bawah (bukan bahagian kulit) ayam dengan separuh adunan mustard, dan tutup dengan lapisan serbuk roti. Letakkan kulit ayam di bahagian bawah di atas rak dalam kuali dan lumurkan dengan separuh jus panggang yang telah dikhaskan. Kembalikan ayam ke ayam pedaging panas selama 5 hingga 6 minit, sehingga serbuk telah menjadi perang dengan baik. Balikkan kulit ayam ke atas, sapukan dengan baki sawi, tutup dengan serbuk, dan lumurkan dengan jus rebusan terakhir. Kembali ke ayam pedaging selama 5 hingga 6 minit lagi, atau sehingga ayam masak.

56. Pois Frais En Braisage / Kacang Kacang Rebus dengan Salad

BAHAN-BAHAN:
2 paun kacang polong segar (kira-kira 3 cawan, dikupas)
1 salad Boston kepala sederhana, dibasuh dan dicincang
½ sudu kecil garam
1 hingga 2 sudu besar gula (bergantung kepada kemanisan kacang)
4 sb daun bawang dikisar
4 Sb mentega lembut
Periuk beralas berat

ARAHAN:
Letakkan kacang polong dan bahan-bahan yang lain dalam periuk dan perah kesemuanya bersama-sama dengan tangan anda, untuk meremukkan sedikit kacang. Tambah air sejuk supaya kacang hampir tidak ditutup. Tetapkan di atas api yang sederhana tinggi, tutup kuali dengan rapat, dan rebus selama 20 hingga 30 minit; selepas kira-kira 20 minit, uji kacang untuk kelembutan dengan memakannya. Teruskan mendidih sehingga kacang empuk dan cecair telah sejat; tambah 2 hingga 3 sudu besar air jika perlu. Perasa betul dan hidangkan. (Jika tidak dihidangkan serta-merta, ketepikan dalam keadaan tidak bertutup. Panaskan semula dengan 2 sudu besar air, tutup, dan rebus seketika atau dua, kerap dilambung, sehingga kacang pis panas.)

57. Potage Crème De Cresson / Krim Sup Selada Air

BAHAN-BAHAN:
MEMASAK KANAK AIR
- ½ cawan bawang cincang
- 3 sudu besar mentega
- Periuk bertutup 3 liter
- 3 hingga 4 cawan pek daun selada air segar dan batang lembut, dibasuh dan dikeringkan dengan tuala
- ½ sudu kecil garam

Mereneh
- 3 sb tepung
- 5½ cawan stok ayam rebus

PENGAYAAN AKHIR
- 2 kuning telur dicampur dalam mangkuk adunan dengan ½ cawan krim kental
- 1 hingga 2 Tb mentega lembut

ARAHAN:
a) Masak bawang perlahan-lahan dalam mentega dalam periuk selama kira-kira 10 minit. Apabila lembut dan lut sinar, kacau dalam selada air dan garam, tutup, dan masak perlahan-lahan selama 5 minit atau sehingga betul-betul layu.

b) Taburkan tepung ke dalam adunan selada air dan kacau dengan api sederhana selama 3 minit. Keluarkan dari api, campurkan dalam stok panas, dan reneh selama 5 minit. Puree melalui kilang makanan, kembalikan ke dalam periuk, dan perasa yang betul. Ketepikan sehingga sejurus sebelum dihidangkan, dan panaskan semula hingga mendidih.

c) Pukul secawan sup panas dengan titisan ke dalam kuning dan krim, pukul secara beransur-ansur dalam baki sup dalam aliran nipis. Kembalikan sup ke dalam periuk dan kacau di atas api sederhana untuk seketika atau dua untuk merebus kuning telur, tetapi jangan biarkan mendidih. Keluarkan dari api dan kacau dalam mentega pengayaan satu sudu pada satu masa.

d) Untuk menghidangkan sejuk, tinggalkan pengayaan mentega terakhir dan sejukkan. Jika terlalu pekat, masukkan lebih banyak krim sebelum dihidangkan.

58. Navarin Printanier / Rebus Kambing dengan Lobak Merah

BAHAN-BAHAN:
- Payudara, untuk lemak dan tekstur
- Bahu, untuk kepingan yang kurus dan padat
- Tulang Rusuk Pendek, untuk tekstur dan rasa
- Leher, untuk tekstur dan konsistensi sos

MEMERANGKAN DOMBA
- 3 paun Daging rebus kambing
- 3 hingga 4 TB minyak masak
- Kuali 10 hingga 12 inci
- Kaserol kalis api 5 hingga 6 liter atau ketuhar Belanda
- 1 sb gula pasir
- 1 sudu kecil garam
- $\frac{1}{4}$ sudu kecil lada
- 3 sb tepung

MENYUSU
- 2 hingga 3 cawan kambing coklat atau stok daging lembu atau bouillon daging lembu dalam tin
- 3 tomato sederhana, dikupas, dibiji, dijus, dan dicincang; atau 3 sudu besar pes tomato
- 2 ulas bawang putih tumbuk
- $\frac{1}{4}$ sudu teh thyme atau rosemary
- 1 daun salam

MENAMBAH SAYURAN AKAR
- 6 hingga 12 kentang "mendidih".
- 6 lobak
- 6 lobak merah
- 12 hingga 18 bawang putih kecil kira-kira 1 inci diameter

MENAMBAH SAYURAN HIJAU
- 1 cawan kacang hijau dikupas (kira-kira $\frac{2}{3}$ lb. tidak dikupas)
- 1 cawan kacang hijau (kira-kira $\frac{1}{4}$ lb.) dipotong menjadi kepingan $\frac{1}{2}$ inci

- 3 hingga 4 liter air mendidih
- $1\frac{1}{2}$ hingga 2 Tb garam

ARAHAN:

a) Keluarkan semua lemak berlebihan, dan selaput yang jatuh atau penutup. Potong daging menjadi kiub 2 inci dengan berat 2 hingga $2\frac{1}{2}$ auns. Mana-mana tulang yang tersisa dalam daging akan memberikan rasa tambahan kepada sos; kebanyakannya boleh dikeluarkan sebelum dihidangkan.

b) Keringkan kepingan kambing dengan teliti dalam tuala kertas. Panaskan minyak dalam kuali sehingga hampir berasap, dan perangkan kambing di semua sisi, beberapa keping pada satu masa. Pindahkan kambing, kerana ia berwarna perang, ke kaserol atau ketuhar Belanda.

c) Taburkan pada gula dan toskan kambing di atas api yang sederhana tinggi selama 3 hingga 4 minit, sehingga gula menjadi perang dan karamel—ini akan memberikan warna ambar yang halus kepada sos. Kemudian toskan daging dengan perasa dan tepung dan masak dengan api sederhana selama 2 hingga 3 minit, toskan, hingga perang tepung.

d) Panaskan ketuhar hingga 350 darjah.

e) Tuangkan lemak daripada kuali perang, tuangkan dalam 2 cawan stok atau bouillon, dan rebus, kikis jus perang yang telah terkumpul. Tuangkan ke dalam kaserol ke atas kambing dan biarkan mendidih, goncang kaserol untuk sebati. Kemudian masukkan tomato atau pes tomato, bawang putih, herba, dan stok tambahan atau bouillon yang cukup hampir untuk menutupi kambing.

f) Biarkan mendidih, tutup kaserol, dan reneh perlahan-lahan di atas dapur atau dalam ketuhar yang telah

dipanaskan selama 1 jam. Kemudian tuangkan kandungan kaserol ke dalam set colander di atas kuali.
g) Bilas kaserol. Keluarkan sebarang tulang yang longgar dan kembalikan kambing ke dalam kaserol. Skim lemak dari sos dalam kuali, betulkan perasa, dan tuangkan semula sos ke atas daging.
h) Kupas kentang dan potong bujur kira-kira $1\frac{1}{2}$ inci panjang; letak dalam air sejuk. Kupas dan suku lobak merah dan lobak; dipotong menjadi $1\frac{1}{2}$ inci panjang. Kupas bawang dan tusukkan salib di hujung akar supaya masak sekata. Apabila kambing sudah siap, tekan sayur ke dalam kaserol di sekeliling dan di antara kepingan daging, dan lumurkan dengan sos.
i) Biarkan mendidih, tutup dan masak selama kira-kira sejam lebih lama atau sehingga daging dan sayur-sayuran empuk apabila dicucuk dengan garpu. Singkirkan lemak, perasa yang betul, dan masukkan sayur-sayuran hijau, yang telah disediakan seperti berikut:
j) Letakkan kacang dan kacang ke dalam air masin yang mendidih dan rebus dengan cepat, tidak bertutup, selama kira-kira 5 minit, atau sehingga sayur-sayuran hampir empuk. Toskan segera dalam colander, kemudian tuangkan air sejuk selama 3 minit untuk berhenti memasak dan menetapkan warna. Ketepikan sehingga sedia untuk digunakan. (Rebus boleh disediakan lebih awal ke tahap ini. Ketepikan daging, tutup serong. Bawa hingga mendidih di atas dapur sebelum meneruskan resipi.)

BERKHIDMAT

k) Sejurus sebelum dihidangkan, letakkan kacang dan kacang ke dalam kaserol di atas bahan-bahan lain dan taburkan dengan sos yang menggelegak.

l) Tutup dan reneh kira-kira 5 minit, sehingga sayur-sayuran hijau lembut. Hidangkan rebusan dari kaserolnya, atau susunkannya di atas pinggan panas.

m) Iringi dengan roti Perancis panas dan wain Beaujolais merah, Bordeaux, atau Mountain Red, atau rosé sejuk.

59. Oie Braisée Aux Pruneaux / Angsa Rebus dengan Sumbat Prun

BAHAN-BAHAN:
PRUNE DAN PENYAKIT HATI
- 40 hingga 50 prun besar
- Hati angsa, cincang
- 2 Sb bawang merah atau daun bawang dikisar halus
- 1 sudu besar mentega
- ⅓ cawan wain port
- ½ cawan (4 auns) foie gras atau pes hati dalam tin
- Cubit setiap lada sulah dan thyme
- Garam dan lada
- 3 hingga 4 sudu besar serbuk roti putih kering

MENYEDIAKAN DAN MENGERANGKAN ANGSA
- A 9-lb. angsa sedia untuk dimasak
- 1 sudu besar garam
- Kuali panggang

MENYUSU ANGSA
- Anggaran masa memasak: 2 jam dan 20 hingga 30 minit.
- Leher angsa, hujung sayap, hempedu, dan jantung
- ½ cawan setiap lobak merah dan bawang yang dihiris
- 2 Tb lemak angsa
- Pemanggang bertutup yang cukup besar untuk menampung angsa
- ½ cawan tepung
- 2 cawan wain merah (seperti Beaujolais, Médoc, atau California Mountain Red)
- garam
- 1 sudu besar bijak
- 2 ulas bawang putih
- 4 hingga 6 cawan stok daging lembu atau bouillon

ARAHAN:

a) Titiskan prun ke dalam air mendidih dan rendam selama 5 minit, atau sehingga lembut. Keluarkan lubang sekemas mungkin. Tumis hati angsa dan bawang merah atau daun bawang dalam mentega panas selama 2 minit; kikis ke dalam mangkuk adunan. Didihkan wain port dengan cepat dalam kuali tumis sehingga berkurangan kepada 1 sudu besar; kikis ke dalam mangkuk adunan. Pukul dalam foie gras atau pes hati, lada sulah dan thyme, dan perasakan secukup rasa. Jika perlu, pukul dalam serbuk roti dengan sudu sehingga adunan cukup pejal untuk disumbat. Lipat ½ sudu teh ke dalam setiap prun.
b) Potong tulang hasrat (untuk mengukir lebih mudah), potong sayap pada siku, dan tarik lemak yang terurai dari dalam angsa. Gosok rongga dengan garam, sumbat longgar dengan prun, dan kekuda. Cucuk kulit pada selang ½ inci di sekitar sisi payudara, peha dan belakang. Letakkan angsa dalam kuali dan perang di bawah ayam pedaging yang sederhana panas, putar dengan kerap, selama kira-kira 15 minit, buang lemak terkumpul dari kuali jika perlu.
c) Panaskan ketuhar hingga 350 darjah.
d) Potong giblets menjadi kepingan 1 inci, kering dan perang dengan sayur-sayuran dalam lemak angsa panas dalam pemanggang dengan api yang sederhana tinggi.
e) Kecilkan api, kacau dalam tepung, dan masak, kacau, selama 3 minit hingga perang sedikit. Keluarkan dari haba; kacau dalam wain. Garamkan angsa dan letakkan di sisinya dalam pemanggang. Masukkan sage, bawang putih, dan stok daging lembu atau bouillon secukupnya untuk sampai separuh angsa.
f) Bawa hingga mendidih, tutup, dan letakkan dalam sepertiga bahagian bawah ketuhar yang telah dipanaskan. Kawal haba supaya cecair mereneh perlahan-lahan

sepanjang memasak; pusingkan angsa ke sisi lain dalam 1 jam, ke belakang selepas 2 jam.

g) Angsa dilakukan apabila kayu drum bergerak sedikit di dalam soket dan, apabila bahagian paling berdaging dicucuk, jusnya menjadi kuning pucat. Jangan terlalu masak.

SOS DAN MENGHIDANGKAN

h) Toskan angsa dan letakkan di atas pinggan panas; potong dan buang tali kekuda. Skim lemak sebanyak yang anda boleh daripada sos perap; anda akan mempunyai beberapa cawan penuh, yang anda boleh simpan untuk menumis kentang, ayam, atau untuk panggang panggang.

i) Senduk kira-kira 4 cawan sos melalui penapis ke dalam periuk dan buang lemak sekali lagi. Masak hingga mendidih, perlahan-lahan dan betulkan perasa dengan teliti. Sudukan sedikit sos ke atas angsa dan tuangkan rehat ke dalam mangkuk kuah panas.

j) Hidangkan dengan bawang rebus dan buah berangan, atau pucuk Brussels dan kentang tumbuk; Wain merah Burgundy.

60. Rognons De Veau En Casserole / Buah Pinggang dalam Mentega

BAHAN-BAHAN:
- 4 sudu besar mentega
- Kuali tumis yang berat hanya cukup besar untuk memegang buah pinggang dengan selesa dalam satu lapisan
- 3 hingga 4 buah pinggang anak lembu atau 8 hingga 12 buah pinggang kambing
- 1 sb bawang merah atau daun bawang dikisar
- ½ cawan vermouth putih kering
- 1 sudu besar jus lemon
- 1½ Tb sawi yang disediakan dari jenis Dijon dilenyek dengan 3 sudu besar mentega lembut
- Garam dan lada

ARAHAN:
Panaskan mentega dan apabila buih mula surut, gulungkan buah pinggang ke dalam mentega, kemudian masak, tidak bertutup, putar setiap atau dua minit. Kawal haba supaya mentega panas tetapi tidak keperangan. Sedikit jus akan keluar dari buah pinggang. Buah pinggang harus menjadi kaku tetapi tidak menjadi keras; ia harus berwarna perang sedikit, dan harus merah jambu di tengah apabila dihiris. Masa: kira-kira 10 minit untuk buah pinggang anak lembu; 5, untuk buah pinggang kambing. Keluarkan buah pinggang ke pinggan.

Kacau bawang merah atau bawang ke dalam mentega dalam kuali dan masak selama 1 minit. Masukkan vermouth dan jus lemon. Rebus dengan cepat sehingga cecair telah berkurangan kepada kira-kira 4 sudu besar. Keluarkan dari api dan putar dalam mentega mustard, dan taburan garam dan lada sulah. Potong buah pinggang menjadi kepingan bersilang setebal $\frac{1}{8}$ inci. Taburkan garam dan lada sulah dan putar mereka dan jusnya ke dalam kuali.

Sebelum dihidangkan, goncang dan toskan dengan api sederhana selama satu atau dua minit untuk memanaskan tanpa mendidih.

Hidangkan di atas pinggan yang sangat panas. Jika digunakan sebagai hidangan utama dan bukannya hors d'oeuvre panas, iringkan dengan kentang yang ditumis dalam mentega, bawang rebus dan wain merah Burgundy.

61. Rognons de Veau Flambés / Buah Pinggang Tumis Flambé

BAHAN-BAHAN:

- Kuali tumis berat yang cukup besar untuk menampung buah pinggang
- 3 hingga 4 buah pinggang anak lembu atau 8 hingga 12 buah pinggang kambing
- 4 sudu besar mentega
- ⅓ cawan cognac
- ½ cawan bouillon daging lembu dicampur dengan 1 sudu kecil tepung jagung
- ⅓ cawan Sercial Madeira atau wain port
- ½ lb. cendawan dihiris, sebelum ini ditumis dalam mentega dengan 1 sudu besar daun bawang cincang atau bawang merah
- 1 cawan krim berat
- Garam dan lada
- ½ sudu besar mustard yang disediakan dari jenis Dijon diadun dengan 2 sudu besar mentega lembut dan ½ sudu kecil sos Worcestershire

ARAHAN:

Tumis seluruh buah pinggang dalam mentega, seperti dalam resipi sebelumnya. Jika anda sedang menghabiskannya di meja, bawa buah pinggang yang telah ditumis ke dalam hidangan yang melecet.

Tuangkan cognac ke atas buah pinggang. Panaskan hingga menggelegak, elakkan muka anda, dan nyalakan cecair dengan mancis yang menyala. Goncangkan kuali dan lumurkan buah pinggang dengan cecair yang menyala sehingga api padam. Keluarkan buah pinggang ke pinggan atau papan ukiran.

Tuangkan bouillon daging lembu dan wain ke dalam kuali; rebus beberapa minit sehingga menyusut dan pekat. Tambah cendawan dan krim dan rebus beberapa minit lagi; sos hendaklah cukup pekat untuk menyalut sudu sedikit. Perasakan dengan teliti dengan garam dan lada sulah. Keluarkan dari api dan putar dalam campuran mustard.

Potong buah pinggang menjadi kepingan bersilang setebal $\frac{1}{8}$ inci dan perasakan sedikit dengan garam dan lada sulah. Kembalikan buah pinggang dan jus ke dalam kuali. Goncang dan toskan dengan api untuk memanaskan buah pinggang tanpa mendidih. Hidangkan di atas pinggan yang sangat panas.

62. Carbonnade De Boeuf dan La Provençale

BAHAN-BAHAN:
- 3 paun chuck steak dipotong menjadi kepingan kira-kira $3\frac{1}{2}$ kali 2 kali $\frac{3}{8}$ inci

PERAP
- $\frac{1}{4}$ cawan cuka wain
- 1 sudu besar minyak zaitun
- 2 ulas bawang putih besar, kupas dan kisar
- $\frac{1}{8}$ sudu kecil lada
- 2 sudu kecil garam
- $\frac{3}{4}$ sudu teh pedas
- $\frac{3}{4}$ sudu teh thyme

BAWANG
- Pilihan tetapi tradisional: 4 auns (kira-kira ⅔ cawan) daging babi sampingan segar, atau hirisan lemak dan tanpa lemak daripada punggung babi segar
- Kuali yang berat
- 1 hingga 3 sudu besar minyak zaitun
- 5 hingga 6 cawan bawang yang dihiris

MEMBAKAR
- Kaserol kalis api 6 liter
- 7 hingga 8 cawan dihiris kentang serba guna
- Garam dan lada
- Boillon daging lembu
- $\frac{1}{4}$ cawan keju Parmesan (untuk langkah terakhir)

ARAHAN:

a) Campurkan perapan dalam mangkuk kaca, kaca atau keluli tahan karat. Putar dan lumurkan daging dengan cecair, tutup, dan sejukkan selama 6 jam atau semalaman, taburkan dan putar daging beberapa kali.

b) Potong daging babi pilihan menjadi kepingan 1 inci kira-kira $\frac{1}{4}$ inci tebal. Tumis perlahan-lahan dalam satu sudu minyak untuk menjadikan lemak dan coklat menjadi sangat ringan. (Jika daging babi ditinggalkan, tuangkan 3 sudu besar minyak ke dalam kuali anda.) Kacau bawang, tutup rapat, dan masak perlahan-lahan selama kira-kira 20 minit, kacau sekali-sekala sehingga bawang lembut dan baru mula perang.

c) Panaskan ketuhar hingga 350 darjah.

d) Toskan daging dan perasakan dengan garam dan lada sulah. Selang seli lapisan bawang dan daging dalam kaserol. Tuangkan bahan perapan, kemudian susun lapisan hirisan kentang di atas, perasakan setiap satu dengan garam dan lada sulah. Tuangkan bouillon secukupnya untuk menutupi daging; biarkan mendidih di atas dapur.

e) Tutup kaserol dan letakkan di dalam ketuhar yang telah dipanaskan tahap tengah selama kira-kira 1 jam, atau sehingga daging hampir empuk apabila dicucuk dengan garpu. Masa bergantung pada kualiti daging; ia masak kira-kira setengah jam lebih dalam langkah terakhir.

f) Naikkan haba ketuhar kepada 425 darjah. Petua kaserol dan sudu keluar lemak terkumpul. Taburkan keju Parmesan di atas kentang dan lumurkan dengan satu atau dua sudu cecair memasak. (Jika dilakukan sebelum ini, ketepikan tanpa bertutup. Panaskan semula untuk mereneh sebelum meneruskan.)

g) Letakkan kaserol yang tidak bertutup dalam sepertiga bahagian atas ketuhar 425 darjah dan bakar selama kira-kira 30 minit, hingga bahagian atas kentang menjadi perang dan kurangkan serta pekatkan cecair masak. Hidangkan dari kaserol.

63. Daube De Boeuf dan La Provençale

BAHAN-BAHAN:
- 3 paun chuck steak dipotong menjadi segi empat sama $2\frac{1}{2}$ inci setebal 1 inci

PERAP
- 2 sudu besar minyak zaitun
- $1\frac{1}{2}$ cawan vermouth putih kering
- $\frac{1}{4}$ cawan brendi atau gin
- 2 sudu kecil garam
- $\frac{1}{4}$ sudu kecil lada
- $\frac{1}{2}$ sudu teh thyme atau sage
- 1 daun salam
- 2 ulas bawang putih dikupas dan dikisar
- 2 cawan lobak merah yang dihiris nipis
- 2 cawan bawang besar yang dihiris nipis
- Perap daging lembu seperti yang diarahkan dalam resipi sebelumnya.

BERHIMPUN
- Kaserol kalis api 6 liter
- Garam, lada, tepung
- $1\frac{1}{2}$ cawan tomato padat, masak, dikupas, dibiji, dijus, dan dicincang
- $1\frac{1}{2}$ cawan cendawan segar yang dihiris
- Pilihan: kira-kira 8 keping, $\frac{1}{4}$ inci tebal, daging babi sisi segar; atau hirisan lemak dan tanpa lemak dari punggung babi segar
- Boillon daging lembu jika perlu

ARAHAN:

a) Kikis perapan dan perasakan sedikit daging dengan garam dan lada sulah, kemudian canai tepung dan ketepikan di atas kertas berlilin. Toskan cecair perapan ke dalam mangkuk; toskan tomato dan cendawan dengan sayur perapan.

b) Letakkan beberapa jalur daging babi pilihan di bahagian bawah kaserol dan tutup dengan satu pertiga daripada sayur-sayuran campuran. Kemudian gantikan dengan lapisan daging dan sayur-sayuran, tutup lapisan atas sayur-sayuran dengan hirisan daging babi pilihan. Tuangkan cecair perapan.

MEMASAK DAN MENGHIDANG

c) Tutup kaserol, letakkan di atas api sederhana, dan reneh selama kira-kira 15 minit. Jika sayur-sayuran tidak menghasilkan cecair yang mencukupi hampir menutup daging, tambahkan sedikit bouillon. Tutup dan masak dengan reneh selama $1\frac{1}{2}$ hingga 2 jam, atau sehingga daging empuk apabila dicucuk dengan garpu.

d) Petua kaserol, keluarkan lemak, dan rasa untuk perasa. Jika cecair tidak berkurangan dan pekat, toskan ke dalam periuk dan pekatkan dengan satu sudu besar tepung jagung yang dicampur dengan bouillon.

e) Rebus selama 2 minit, kemudian tuangkan ke dalam kaserol. (Jika tidak dihidangkan serta-merta, sejukkan tanpa bertutup, kemudian tutup dan sejukkan. Reneh bertutup selama 5 minit sebelum dihidangkan.)

FILIP PROVENÇAL AKHIR

f) Untuk rasa tambahan, cincang atau tulen 2 ulas bawang putih dan masukkan ke dalam mangkuk dengan 3 hingga 4 sudu besar caper yang telah dikeringkan. Tumbuk atau tumbuk menjadi pes, kemudian pukul dalam 3 sudu besar mustard jenis Dijon yang kuat.

g) Pukul secara beransur-ansur dalam 3 sudu besar minyak zaitun untuk membuat sos pekat; kacau dalam $\frac{1}{4}$ cawan basil segar atau pasli cincang. Kacau ke dalam doh yang telah siap sejurus sebelum dihidangkan.

64. Potage Parmentier / Leek atau Sup Bawang dan Kentang

BAHAN-BAHAN:
MASAKAN AWAL
- Periuk 3 hingga 4 liter atau periuk tekanan
- 3 hingga 4 cawan kentang yang dikupas dihiris atau dipotong dadu
- 3 cawan daun bawang atau bawang kuning yang dihiris nipis
- 2 liter air
- 1 sudu besar garam

PENGAYAAN AKHIR
- ⅓ cawan krim pekat atau 2 hingga 3 Sb mentega lembut
- 2 hingga 3 sudu besar pasli cincang atau daun kucai

ARAHAN:
a) Sama ada renehkan sayur-sayuran, air, dan garam bersama-sama, ditutup sebahagiannya, selama 40 hingga 50 minit sehingga sayur-sayuran lembut; atau masak di bawah tekanan 15 paun selama 5 minit, lepaskan tekanan, dan reneh tanpa penutup selama 15 minit untuk menghasilkan rasa.

b) Tumbuk sayur-sayuran dalam sup dengan garpu, atau hantarkan sup melalui kilang makanan. Perasa yang betul.

c) Ketepikan tanpa bertutup sehingga sejurus sebelum dihidangkan, kemudian panaskan semula hingga mendidih.

d) Keluarkan dari api sejurus sebelum disajikan, dan kacau dalam krim atau mentega dengan sudu.

e) Tuangkan ke dalam mangkuk tureen atau sup dan hias dengan herba.

65. Velouté De Volaille dan La Sénégalaise

BAHAN-BAHAN:
- 4 sudu besar mentega
- Periuk berat 3 hingga 4 liter
- 1 TB serbuk kari
- 4 hingga 8 sudu besar tepung (bergantung pada jumlah kentang anda)
- 5 hingga 6 cawan stok ayam

BAHAN MASAK PILIHAN
- Kentang tumbuk, bawang berkrim, brokoli, timun, lobak merah, kacang, petua asparagus
- ½ cawan (lebih atau kurang) krim pekat
- Kira-kira 1 cawan daging ayam belanda yang dimasak dipotong dadu atau dihiris nipis
- 4 sudu besar pasli cincang atau daun kucai segar, atau 2 sudu besar chervil atau tarragon cincang

ARAHAN:
Cairkan mentega dalam periuk. Masukkan serbuk kari dan masak perlahan selama 1 minit. (Jika anda tidak mempunyai bawang masak, tambah ½ cawan bawang cincang mentah dan masak selama kira-kira 10 minit tanpa keperangan.) Masukkan tepung dan masak perlahan-lahan selama 2 minit. Keluarkan dari haba, biarkan sejuk seketika, kemudian pukul dengan kuat dalam stok ayam panas dengan cambuk dawai. Reneh, kacau dengan cambuk, selama 1 minit. Jika anda menggunakan bawang masak, potong dan tambahkan kepada sup; jika anda menggunakan kentang tumbuk, pukul mereka dalam satu sudu pada satu masa sehingga sup menjadi pekat seperti yang anda inginkan. Kacau krim dengan sudu, reneh perlahan, kemudian perasakan dengan teliti secukup rasa. Masukkan daging ayam belanda, sayur-sayuran pilihan, dan herba, dan biarkan mendidih sekali lagi sebelum dihidangkan.

(Jika tidak dihidangkan serta-merta, atau jika hendak dihidangkan sejuk, filemkan bahagian atas sup dengan stok atau krim untuk mengelakkan kulit daripada terbentuk. Sejukkan jika hendak dihidangkan sejuk; anda mungkin ingin mengacau lebih banyak krim dan letakkan setiap mangkuk dengan lebih segar. herba.)

SALAD DAN SISI

66. Salade Mimosa / Salad dengan Vinaigrette, Telur Diayak dan Herba

BAHAN-BAHAN:
- Telur rebus yang telah dikupas dalam penapis
- 2 hingga 3 sudu besar herba hijau segar atau pasli
- Garam dan lada
- Ketua besar Boston
- salad atau campuran sayur-sayuran, dipisahkan, dibasuh dan dikeringkan
- Mangkuk salad
- ⅓ hingga ½ cawan vinaigrette

ARAHAN:
Tolak telur melalui ayak dengan jari anda; campurkan dengan herba, dan garam dan lada sulah secukup rasa. Sejurus sebelum dihidangkan, masukkan sayur-sayuran salad dalam mangkuk salad anda dengan sos, dan taburkan pada campuran telur dan herba.

67. Pommes De Terre a l'Huile / Salad Kentang Perancis

BAHAN-BAHAN:

8 hingga 10 kentang "mendidih" sederhana (kira-kira 2 lbs.)
Mangkuk adunan 3 liter
2 sudu besar wain putih kering atau vermouth putih kering
2 sb bouillon ayam
½ cawan vinaigrette
2 Sb bawang merah atau daun bawang dikisar
3 sudu besar pasli cincang

ARAHAN:

Rebus atau kukus kentang dalam jaket mereka sehingga lembut. Kupas dan hiris semasa masih suam. Toskan perlahan-lahan dalam mangkuk adunan dengan wain dan bouillon, dan selepas beberapa minit, toskan lagi. Apabila cecair telah diserap oleh kentang, toskan dengan vinaigrette, bawang merah atau daun bawang, dan pasli.

Salad ini lazat dihidangkan hangat dengan sosej panas, atau anda boleh menyejukkannya dan menghidangkan sama ada seperti sedia ada, atau dengan ½ cawan mayonis yang dilipat.

68. Salade Niçoise

BAHAN-BAHAN:

3 cawan kacang hijau yang dimasak sebelum ini dalam mangkuk
3 biji tomato dibelah empat dalam mangkuk
¾ hingga 1 cawan vinaigrette
1 kepala salad Boston, dipisahkan, dibasuh dan dikeringkan
Mangkuk salad besar atau hidangan cetek
3 cawan salad kentang Perancis sejuk (resipi sebelumnya)
½ cawan buah zaitun hitam yang diadu, sebaik-baiknya jenis Mediterranean kering
3 biji telur rebus, sejuk, dikupas dan dibelah empat
12 isi tin ikan bilis, toskan, sama ada rata atau gulung bersama kaper
Kira-kira 1 cawan (8 auns) tuna tin, toskan

ARAHAN:

Masukkan daun salad ke dalam mangkuk salad dengan ¼ cawan vinaigrette dan letakkan daun di sekeliling mangkuk.
Susun kentang di bahagian bawah mangkuk, hias dengan kacang dan tomato, selangi dengan reka bentuk tuna, buah zaitun, telur, dan ikan bilis.
Tuangkan baki dressing ke atas salad, taburkan dengan herba, dan hidangkan.

69. Gratin Dauphinois / Scalloped Potatoes atau Gratin

BAHAN-BAHAN:
2 paun kentang "mendidih", dikupas
1 cawan susu
Satu hidangan pembakar kalis api 6 cawan, sedalam 2 inci
1 ulas kecil bawang putih tumbuk
1 sudu kecil garam
$\frac{1}{8}$ sudu kecil lada
3 hingga 4 Tb mentega

ARAHAN:
Panaskan ketuhar hingga 425 darjah.
Potong kentang setebal $\frac{1}{8}$ inci dan masukkan ke dalam mangkuk berisi air sejuk. Didihkan susu dalam hidangan pembakar dengan bawang putih, garam dan lada sulah. Toskan kentang, masukkan ke dalam susu mendidih, dan edarkan mentega ke atasnya. Bakar dalam ketuhar yang telah dipanaskan tahap tengah selama kira-kira 25 minit, sehingga susu diserap, kentang lembut, dan bahagian atasnya telah keperangan. (Jika tidak dihidangkan dengan serta-merta, pastikan hangat, tanpa penutup, tambah sedikit lagi susu jika kentang kelihatan kering.)
Hidangkan dengan daging panggang, stik atau daging.

70. Gratin De Pommes De Terre Et Saucisson

BAHAN-BAHAN:
3 cawan dihiris, kentang yang telah direbus sebelum ini (kira-kira 1 lb.)
1 cawan bawang cincang, sebelum ini dimasak dalam mentega
$\frac{1}{2}$ lb. sosej Poland yang dihiris
Hidangan pembakar atau pinggan pai yang disapu mentega ringan, diameter 8 inci dan dalam 2 inci
3 biji telur
$1\frac{1}{2}$ cawan krim ringan
$\frac{1}{4}$ sudu kecil garam
$\frac{1}{8}$ sudu kecil lada
$\frac{1}{4}$ cawan keju Swiss parut
1 sudu besar mentega

ARAHAN:
Panaskan ketuhar hingga 375 darjah.
Susun lapisan kentang, bawang, dan sosej dalam hidangan pembakar. Kisar telur, krim, garam dan lada sulah dalam mangkuk, tuangkan ke dalam loyang, taburkan keju, dan taburkan dengan mentega. Bakar dalam sepertiga bahagian atas ketuhar yang telah dipanaskan selama 30 hingga 40 minit, sehingga bahagian atasnya berwarna perang dengan baik.
Hidangkan sebagai hidangan utama makan tengah hari atau makan malam.

71. Purée De Pommes De Terre a l'Ail

BAHAN-BAHAN:
SOS BAWANG PUTIH
2 kepala bawang putih, kira-kira 30 ulas
4 sudu besar mentega
Periuk bertutup 3 hingga 4 cawan
2 sudu besar tepung
1 cawan susu panas
$\frac{1}{4}$ sudu kecil garam dan secubit lada sulah
Adun DENGAN UBI UBI
$2\frac{1}{2}$ paun. membakar kentang
4 sudu besar mentega
Garam dan lada
3 hingga 4 sudu besar krim berat
$\frac{1}{4}$ cawan pasli segar cincang

ARAHAN:
Asingkan ulas bawang putih dan titiskan ke dalam air mendidih; rebus 2 minit, toskan, dan kupas. Kemudian masak bawang putih perlahan-lahan dalam mentega selama kira-kira 20 minit dalam periuk bertutup, sehingga sangat lembut tetapi tidak sama sekali keperangan. Campurkan tepung, masak perlahan selama 2 minit. Keluarkan dari api, pukul dalam susu panas dan perasa, dan rebus, kacau, selama 1 minit. Jika tidak digunakan segera, ketepikan dan panaskan semula kemudian.

Kupas dan empatkan kentang. Sama ada rebus dalam air masin, atau kukus sehingga lembut; masukkan ricer ke dalam periuk berat. Kacau sebentar di atas api yang sederhana tinggi sehingga kentang melapisi bahagian bawah kuali, kemudian masukkan mentega, dan garam dan lada sulah secukup rasa. Simpan di atas air mendidih sehingga sedia untuk dihidangkan—tetapi lebih cepat ia dihidangkan lebih baik. Sejurus sebelum memasuki ruang makan, gosokkan bawang putih melalui penapis ke dalam kentang; pukul dalam krim dan pasli, dan bertukar menjadi hidangan hidangan panas, mentega.

72. Concombres Persillés, Ou a La Crème / Timun Berkrim

BAHAN-BAHAN:
MEMERATINGKAN TIMUN
6 timun kira-kira 8 inci panjang
2 sudu besar cuka wain
1½ sudu kecil garam
⅛ sudu teh gula

MEMASAK
2 hingga 3 Tb mentega
Kuali atau periuk enamel beralas berat yang besar
Garam dan lada
2 Sb bawang merah atau daun bawang dikisar
Pilihan: 1 cawan krim pekat yang direnehkan separuh dalam periuk kecil
3 sudu besar pasli cincang segar

ARAHAN:
Kupas timun, potong separuh memanjang, dan cedok biji dengan satu sudu teh. Potong jalur memanjang kira-kira ⅜ inci lebar, kemudian potong jalur menjadi kepingan 2 inci. Masukkan dalam mangkuk dengan cuka, garam, dan gula dan biarkan selama sekurang-kurangnya 20 minit. Toskan, dan keringkan dalam tuala kertas sejurus sebelum digunakan.

Panaskan mentega hingga menggelegak dalam kuali atau periuk. Masukkan timun dan bawang merah atau daun bawang; masak perlahan-lahan, tos kerap, selama kira-kira 5 minit, sehingga timun lembut garing tetapi tidak perang. Sejurus sebelum dihidangkan, toskan dengan krim pilihan dan pasli. Berubah menjadi hidangan panas.

73. Navets a La Champenoise / Turnip dan Kaserol Bawang

BAHAN-BAHAN:

- 2½ paun. lobak kuning atau rutabagas (kira-kira 8 cawan dipotong dadu)
- ⅔ cawan lemak dan daging babi segar yang dipotong dadu kecil atau daging babi sampingan; atau 3 Tb mentega atau minyak masak
- ⅔ cawan bawang besar dihiris halus
- 1 sb tepung
- ¾ cawan bouillon daging lembu
- ¼ sudu kecil sage
- Garam dan lada
- 2 hingga 3 Tb pasli cincang segar

ARAHAN:

Kupas lobak, potong empat, kemudian menjadi kepingan ½ inci; potong kepingan menjadi jalur ½ inci, dan jalur menjadi kiub ½ inci. Titiskan ke dalam air masin mendidih dan rebus tanpa penutup selama 3 hingga 5 minit, atau sehingga lembut. longkang.

Jika anda menggunakan daging babi, tumis perlahan-lahan dalam periuk 3-kuar sehingga perang sangat ringan; jika tidak, masukkan mentega atau minyak ke dalam kuali. Kacau bawang, tutup, dan masak perlahan-lahan selama 5 minit tanpa keperangan. Campurkan tepung dan masak perlahan selama 2 minit. Keluarkan dari api, pukul dalam bouillon, panaskan semula dan biarkan mendidih. Masukkan sage, kemudian masukkan pula lobak. Perasakan dengan garam dan lada sulah secukup rasa.

Tutup kuali dan reneh perlahan-lahan selama 20 hingga 30 minit, atau sehingga lobak lembut. Jika sos terlalu cair, buka tutup dan rebus perlahan-lahan selama beberapa minit sehingga cecair berkurangan dan pekat. Perasa yang betul.

(Boleh dimasak terlebih dahulu. Sejukkan tanpa bertutup; tutup dan renehkan beberapa saat sebelum dihidangkan.)
Untuk menghidang, masukkan pasli dan jadikan hidangan hidangan panas.

74. Asparagus

BAHAN-BAHAN:
1 kotak asparagus potong beku
2 Tb garam
2 sudu besar mentega dalam kuali
Garam dan lada

ARAHAN:
Biarkan asparagus cair sehingga kepingan terpisah antara satu sama lain. Kemudian jatuhkan ke dalam 4 liter air mendidih dengan cepat. Masukkan 2 sudu besar garam, biarkan mendidih dengan cepat, dan rebus tanpa tutup selama 3 atau 4 minit, sehingga asparagus hampir tidak empuk. longkang. Jika tidak dihidangkan segera, siramkan air sejuk ke atas asparagus untuk menghentikan masakan dan tetapkan warna dan tekstur segar. Beberapa minit sebelum dihidangkan, toskan perlahan-lahan dalam 2 sudu besar mentega panas untuk selesai memasak. Perasakan dengan garam dan lada sulah secukup rasa.

75. Artichauts Au Naturel / Articok Rebus Seluruh

BAHAN-BAHAN:
- Articok

ARAHAN:
PERSEDIAAN UNTUK MEMASAK
a) Satu articok pada satu masa, keluarkan batang dengan membengkokkannya di pangkal articok sehingga batangnya terputus, kemudian putuskan daun kecil di pangkalnya. Potong pangkal dengan pisau supaya articok akan berdiri tegak dengan kukuh.
b) Akhirnya letakkan articok di sebelahnya dan potong tiga perempat inci dari bahagian atas; potong bahagian daun yang tinggal dengan gunting.
c) Basuh di bawah air sejuk yang mengalir, dan masukkan ke dalam besen air sejuk yang mengandungi 1 sudu cuka setiap liter. Cuka menghalang articok daripada berubah warna sebelum anda memasaknya.

MEMASAK
d) Celupkan articok yang telah disediakan ke dalam cerek besar berisi air masin yang mendidih dengan cepat, dan sarungkan dua lapisan kain tipis yang telah dibasuh di atasnya untuk memastikan bahagian yang terdedah sentiasa lembap semasa memasak. Masak, tidak bertutup, pada mendidih perlahan selama 35 hingga 45 minit, bergantung pada saiz.
e) Articok dibuat apabila daun bahagian bawah tercabut—makan satu sebagai ujian: bahagian bawah setengah inci atau lebih harus lembut—dan apabila pisau akan menembusi bahagian bawah dengan mudah. Keluarkan segera dan toskan terbalik dalam colander.

MENGHIDANG DAN MAKAN

f) Berdiri tegak articok dan hidangkan dalam pinggan bersaiz salad kira-kira 8 inci diameter, atau pinggan articok khas. Untuk makan articok, tarik sehelai daun dan pegang hujungnya di jari anda. Celupkan bahagian bawah daun ke dalam mentega cair atau salah satu sos yang dicadangkan, kemudian kikis dagingnya yang lembut di antara gigi anda.

g) Apabila anda telah melalui daun, anda akan sampai ke bahagian bawah, yang anda makan dengan pisau dan garpu selepas anda mengikis dan membuang tercekik atau pertumbuhan pusat berbulu yang menutupinya.

SOS

h) Mentega cair, mentega lemon atau hollandaise untuk articok panas atau hangat; vinaigrette (baju Perancis), sos mustard, atau mayonis untuk articok sejuk.

76. Ratatouille

BAHAN-BAHAN:
PENGARAM AWAL
- ½ lb. Terung
- ½ lb. zucchini
- Mangkuk adunan 3 liter
- 1 sudu kecil garam

SAUTÉING
- 4 atau lebih Tb minyak zaitun
- Kuali enamel atau tidak melekat 10 hingga 12 inci
- ½ lb. (1½ cawan) hirisan bawang besar
- 1 cawan hirisan lada hijau (kira-kira 2 lada)
- 2 ulas bawang putih tumbuk
- Garam dan lada
- 1 lb. tomato, dikupas, dibiji dan dijus (1½ cawan pulpa), atau 1 cawan tomato berbentuk pir tin yang telah dikeringkan
- 3 sudu besar pasli cincang

MEMASANG DAN MEMBAKAR
- Kaserol kalis api 2½ liter sedalam 2 inci

ARAHAN:

a) Kupas terung dan potong memanjang setebal ⅜ inci. Gosok zucchini di bawah air sejuk, potong dan buang dua hujung, dan potong zucchini menjadi kepingan memanjang ⅜ inci tebal. Gaulkan sayur-sayuran bersama-sama dalam mangkuk dengan garam dan biarkan selama 30 minit. longkang; keringkan dalam tuala.

b) Panaskan minyak zaitun dalam kuali, kemudian tumis terung dan hirisan zucchini sehingga perang sedikit di kedua-dua belah. Angkat ke ulam. Tambah lebih banyak minyak jika perlu, dan masak bawang dan lada perlahan sehingga lembut. Masukkan bawang putih dan perasakan

dengan garam dan lada sulah. Potong pulpa tomato menjadi jalur dan letakkan di atas bawang dan lada.
c) Tutup kuali dan masak selama 5 minit, kemudian buka tutupnya, besarkan api, dan rebus selama beberapa minit sehingga jus tomato hampir sejat sepenuhnya. Perasakan dengan garam dan lada; lipat dalam pasli.
d) Sudukan satu pertiga daripada campuran tomato di bahagian bawah kaserol. Susun separuh daripada terung dan zucchini di atas, kemudian separuh daripada baki tomato. Tutup dengan baki terung dan zucchini, dan yang terakhir campuran tomato. Tutup kaserol dan reneh dengan api perlahan selama 10 minit. Buka tutup, hujung kaserol dan lumurkan dengan jus yang telah disediakan, dan betulkan perasa jika perlu. Angkat api sedikit dan rebus perlahan-lahan sehingga jus hampir tersejat sepenuhnya.
e) Hidangkan panas dengan panggang, stik, hamburger, ikan bakar.
f) Hidangkan sejuk dengan daging dan ikan sejuk, atau sebagai hors d'oeuvre sejuk.

77. Moussaka

BAHAN-BAHAN:
PENGARAMAN AWAL DAN MEMBAKAR TERUNG
- 5 paun daripada terung (4 hingga 5 terung, setiap satu 7 hingga 8 inci panjang)
- 1 sudu besar garam
- 2 sudu besar minyak zaitun
- Kuali pembakar cetek
- 1 sudu besar minyak zaitun
- Mangkuk adunan 3 liter

MEMASANG DAN MEMBAKAR
- Loyang pembakar 2 liter silinder yang diminyaki ringan $3\frac{1}{2}$ hingga 4 inci dalam dan 7 inci diameter
- $2\frac{1}{2}$ cawan kambing masak kisar
- ⅔ cawan bawang cincang, sebelum ini dimasak dalam mentega
- 1 cawan cendawan cincang, sebelum ini dimasak dalam mentega
- 1 sudu kecil garam
- $\frac{1}{8}$ sudu kecil lada
- $\frac{1}{2}$ sudu teh thyme
- $\frac{1}{2}$ sudu kecil rosemary tanah
- 1 ulas kecil bawang putih tumbuk
- ⅔ cawan stok daging lembu atau bouillon direneh selama 2 minit dengan $\frac{1}{2}$ sudu besar tepung jagung
- 3 TB pes tomato
- 3 biji telur (gred AS "besar")
- Satu kuali air mendidih
- Hidangan hidangan

ARAHAN:
a) Panaskan ketuhar hingga 400 darjah.

b) Keluarkan topi hijau dan potong terung separuh memanjang; potong luka dalam pada daging setiap separuh. Taburkan dengan garam dan biarkan selama 30 minit. Perah air, keringkan bahagian daging, dan sapu dengan minyak zaitun.

c) Tuangkan $\frac{1}{2}$ inci air dalam kuali pembakar, tambah terung, daging menghadap ke atas, dan bakar 30 hingga 40 minit dalam ketuhar yang telah dipanaskan, atau sehingga lembut. Keluarkan daging, biarkan kulit terung utuh (gunakan sudu atau pisau limau gedang).

d) Potong daging dan tumis selama satu atau dua minit dalam minyak zaitun panas. Tukar ke dalam mangkuk adunan.

e) Acuan garisan dengan kulit terung, hujung runcing bertemu di tengah-bawah acuan, sisi ungu menentang acuan. Pukul semua bahan di atas ke dalam terung cincang, jadikan acuan berlapik, dan lipat kulit terung berjuntai ke atas permukaan. Tutup dengan aluminium foil dan penutup. Bakar dalam kuali air mendidih dalam ketuhar 375 darjah selama $1\frac{1}{2}$ jam. Biarkan sejuk selama 10 minit, kemudian buka acuan pada hidangan hidangan.

f) Hidangkan panas dengan sos tomato, nasi kukus, roti Perancis dan wain rosé.

g) Hidangkan sejuk dengan salad tomato, roti Perancis dan wain rosé.

78. Laitues Braisées / Braised Lettuce

BAHAN-BAHAN:
- 2 kepala sederhana selada Boston;
- 1 kepala escarole atau chicory

MENCUCI
- Cerek besar yang mengandungi 7 hingga 8 liter air mendidih
- 1½ sudu kecil garam setiap liter air
- Garam dan lada

MENYUSU
- Untuk 6 kepala chicory atau escarole; 12 kepala selada Boston
- Kaserol kalis api 12 inci dengan penutup
- 6 keping bacon tebal, sebelum ini direbus selama 10 minit dalam 2 liter air, kemudian toskan
- 2 sudu besar mentega
- ½ cawan hirisan bawang besar
- ½ cawan lobak merah yang dihiris
- Pilihan: ½ cawan vermouth putih kering
- Kira-kira 2 cawan bouillon daging lembu

SOS DAN MENGHIDANGKAN
- Hidangan hidangan panas
- 1 sudu kecil tepung jagung dicampur dengan 1 sudu besar vermouth atau bouillon sejuk
- 1 sudu besar mentega

ARAHAN:
a) Potong batang daun salad dan buang daun yang layu. Pegang daun salad di hujung batang, pam ke atas dan ke bawah perlahan-lahan dalam besen air sejuk untuk mengeluarkan semua kotoran.
b) Celupkan 2 atau 3 kepala daun salad yang telah dibasuh ke dalam air mendidih dan rebus perlahan-lahan, tidak

bertutup, 3 hingga 5 minit sehingga daun salad menjadi lembik. Keluarkan selada lemas, rendamkannya ke dalam air sejuk, dan teruskan dengan yang lain. Satu demi satu, picit kepala perlahan-lahan tetapi kuat dengan kedua-dua tangan untuk menghilangkan air sebanyak mungkin. Potong kepala besar separuh memanjang; biarkan kepala kecil utuh.

c) Taburkan dengan garam dan lada; lipat kepala separuh bersilang untuk membuat bentuk segi tiga.

d) Sejambak herba sederhana: 4 tangkai pasli, $\frac{1}{4}$ sudu teh thyme dan sehelai daun bay yang diikat dengan kain keju yang telah dibasuh

e) Panaskan ketuhar hingga 325 darjah.

f) Dalam kaserol tumis bacon dalam mentega selama satu atau dua minit hingga perang sangat ringan. Keluarkan bacon, kacau dalam bawang dan lobak merah, dan masak perlahan-lahan selama 8 hingga 10 minit sehingga lembut tetapi tidak keperangan. Keluarkan separuh sayur-sayuran, susun salad di atas yang lain, kemudian tutup dengan sayur-sayuran yang dimasak dan daging.

g) Tuangkan vermouth pilihan dan bouillon secukupnya untuk menutupi salad. Biarkan hingga mendidih, letakkan sekeping kertas lilin di atas salad, tutup kaserol, dan bakar di aras tengah ketuhar yang telah dipanaskan. Selada hendaklah dididihkan dengan perlahan selama kira-kira 2 jam. (Boleh dimasak lebih awal ke tahap ini; panaskan semula sebelum langkah seterusnya.)

h) Keluarkan salad ke hidangan hidangan. Didihkan cecair masak dengan cepat, jika perlu, kepada kira-kira $\frac{1}{2}$ cawan. Keluarkan dari haba. Pukul campuran tepung jagung ke dalam cecair memasak, dan reneh, kacau, selama 2 minit.

Angkat dari api, putar mentega, tuangkan ke atas salad dan hidangkan.

79. Choucroute Braisée a l'Alsacienne / Sauerkraut Rebus

BAHAN-BAHAN:
MASAKAN AWAL
- ½ lb. daging yang dihiris tebal
- Kaserol kalis api 2½ hingga 3 liter dengan penutup
- 3 sudu besar lemak angsa atau daging babi, atau minyak masak
- ½ cawan lobak merah yang dihiris
- 1 cawan hirisan bawang besar

MENYUSU
- 4 tangkai pasli, 1 daun bay, 6 biji lada dan, jika ada, 10 beri juniper semuanya diikat dengan kain tipis yang telah dibasuh
- Pilihan: 1 cawan wain putih kering atau ¾ cawan vermouth putih kering
- 3 hingga 4 cawan bouillon ayam
- garam

ARAHAN:
a) Potong daging ke dalam kepingan 2 inci, reneh 10 minit dalam 2 liter air, toskan, dan keringkan. Dalam kaserol, tumis bacon perlahan-lahan dalam lemak atau minyak dengan sayur-sayuran selama 10 minit tanpa keperangan. Kacau dalam sauerkraut, toskan hingga menutup dengan lemak dan sayur-sayuran, tutup kaserol dan masak perlahan-lahan selama 10 minit.

b) Panaskan ketuhar hingga 325 darjah untuk langkah seterusnya.)

c) Tanamkan bungkusan herba dan rempah ratus di dalam kubis. Tuangkan wain pilihan, dan bouillon ayam secukupnya hanya untuk menutup sauerkraut.

d) Bawa hingga mendidih, perasakan sedikit dengan garam, letakkan sekeping kertas lilin di atas sauerkraut, tutup

kaserol, dan letakkan di aras tengah ketuhar yang telah dipanaskan.
e) Sauerkraut hendaklah direneh dengan perlahan selama kira-kira 4 jam, dan harus menyerap semua cecair memasak apabila ia siap.

80. Champignons Sautés Au Beurre / Cendawan Tumis

BAHAN-BAHAN:
- Kuali tidak melekat 10 inci
- 2 sudu besar mentega
- 1 sudu besar minyak zaitun atau minyak masak
- ½ lb. cendawan segar, dibasuh dan dikeringkan (cendawan keseluruhan kecil, atau cendawan dihiris atau dibelah empat)
- 1 hingga 2 Tb bawang merah cincang atau daun bawang
- Pilihan: 1 ulas bawang putih dihancurkan, 2 hingga 3 Tb pasli cincang
- Garam dan lada

ARAHAN:
Letakkan kuali di atas api yang tinggi dan masukkan mentega dan minyak. Sebaik sahaja anda melihat buih mentega mula surut, masukkan cendawan. Tos dan goncangkan kuali dengan kerap supaya cendawan masak dengan sekata. Pada mulanya, cendawan akan menyerap lemak dalam kuali; dalam beberapa minit lemak akan muncul semula di permukaan dan cendawan akan mula menjadi perang. Apabila agak perang, masukkan bawang merah atau daun bawang dan bawang putih pilihan. Tos sekejap lagi dan keluarkan dari api. Panaskan semula dan perasakan secukup rasa dengan garam, lada sulah dan pasli pilihan sejurus sebelum dihidangkan.

81. Sos Hollandaise Mock (Bâtarde)

BAHAN-BAHAN:
- 3 sudu besar mentega lembut atau cair
- 3 sb tepung
- $1\frac{1}{4}$ cawan air masak sayuran panas atau susu
- 1 kuning telur dicampur dalam mangkuk dengan $\frac{1}{4}$ cawan krim pekat
- Garam dan lada
- 1 hingga 2 sudu besar jus lemon
- 2 atau lebih Tb mentega lembut

ARAHAN:

a) Kisar mentega dan tepung dalam periuk kecil dengan spatula getah.

b) Menggunakan cambuk dawai, pukul dalam cecair panas, kemudian biarkan mendidih, pukul perlahan.

c) Dengan driblet, pukul sos panas ini ke dalam kuning telur dan krim, tuangkan semula ke dalam periuk, dan biarkan mendidih, kacau.

d) Angkat dari api dan perasakan dengan garam, lada sulah dan jus lemon. Jika tidak dihidangkan serta-merta, bersihkan bahagian tepi kuali dengan spatula getah dan letakkan di atas sos dengan mentega lembut untuk mengelakkan kulit daripada terbentuk.

e) Panaskan semula sejurus sebelum dihidangkan, keluarkan dari api, dan pukul dalam mentega lembut dengan sudu.

82. Krim Anglaise (Sos Kastard Perancis)

BAHAN-BAHAN:
- 3 biji kuning telur
- Periuk keluli tahan karat atau enamel 1½ liter
- ⅓ cawan gula pasir
- 1¼ cawan susu panas
- 2 sudu kecil ekstrak vanila
- Pilihan: 1 Tb rum
- 1 sb mentega lembut

ARAHAN:
a) Pukul kuning telur dalam periuk sehingga pekat dan likat (1 minit), pukul gula secara beransur-ansur, kemudian pukul susu panas dengan titisan.

b) Kacau di atas api sederhana sederhana dengan senduk kayu sehingga sos cukup pekat untuk menyaluti sudu-jangan biarkan sos hampir mendidih atau kuning telur akan menjadi cair.

c) Keluarkan dari haba dan kacau dalam vanila, kemudian rum pilihan, dan mentega. Hidangkan hangat atau sejuk.

83. Cendawan Berkrim

BAHAN-BAHAN:
- ¾ lb. cendawan segar yang dikisar halus
- 2 sudu besar mentega dan 1 sudu besar minyak masak
- 2 Sb bawang merah atau daun bawang dikisar
- 2 sudu besar tepung
- Kira-kira ½ cawan krim sederhana
- Garam dan lada

ARAHAN:
Tumis cendawan dalam mentega panas dan minyak selama beberapa minit, sehingga kepingan mula terpisah antara satu sama lain. Masukkan bawang merah atau daun bawang dan masak sebentar lagi. Kecilkan api, kacau dalam tepung dan masak, kacau, selama 2 minit. Keluarkan dari haba dan kacau separuh krim. Reneh, kacau, seketika, dan tambah lebih banyak krim dengan sudu. Cendawan hanya perlu mengekalkan bentuknya apabila diangkat dalam sudu. Perasakan dengan teliti dengan garam dan lada sulah. Panaskan semula sejurus sebelum dihidangkan.

84. Sos Mousseline Sabayon

BAHAN-BAHAN:
- ¼ cawan cecair memasak ikan yang dikurangkan
- Krim berat 3 TB
- 4 biji kuning telur
- Periuk enam cawan 6 cawan dan cambuk dawai
- 1½ hingga 2 batang (6 hingga 8 auns) mentega lembut
- Garam, lada putih, dan titisan jus lemon

ARAHAN:
a) Campurkan stok ikan, krim, dan kuning telur dalam periuk dengan cambuk dawai.
b) Kemudian kacau di atas api perlahan sehingga adunan perlahan-lahan memekat menjadi krim ringan yang menyaluti wayar cambuk—berhati-hati agar tidak terlalu panas atau kuning telur akan hancur, tetapi anda mesti memanaskannya secukupnya untuk memekatkan.
c) Keluarkan dari api dan pada masa yang sama mula pukul dalam mentega, satu sudu pada satu masa. Sos akan beransur-ansur menjadi krim pekat.
d) Perasakan secukup rasa dengan garam, lada sulah, dan titisan jus lemon. Simpan di atas air suam-bukan panas-sehingga sedia untuk digunakan.

PENJERAHAN

85. Pate Feuilletée / Pastri Puff Perancis

BAHAN-BAHAN:
- 3 hingga 4 kerang patty, atau 8 kerang patty tiga inci dan
- 8 kerang pembuka selera dua inci

THE DÉTREMPE
- 1 cawan tepung serba guna biasa dan $3\frac{3}{4}$ cawan tepung pastri (sukat dengan menapis terus ke dalam cawan sukat kering dan sapu lebihan)
- Mangkuk pengadun
- 6 sudu besar mentega tanpa garam sejuk
- 2 sudu kecil garam dilarutkan dalam $\frac{3}{4}$ cawan air yang sangat sejuk (lebih banyak air dengan titisan jika perlu)

PAKEJ
- 2 batang ($\frac{1}{2}$ paun) mentega tanpa garam yang disejukkan

ARAHAN:
a) Letakkan tepung dalam mangkuk adunan, tambah mentega, dan gosok dengan cepat dengan hujung jari anda, atau kerjakan dengan pengisar pastri, sehingga adunan menyerupai makanan kasar.
b) Campurkan air dengan cepat dengan jari-jari sebelah tangan yang ditekup sedikit, tekan adunan itu bersama-sama dan tambah lebih banyak air dengan titisan untuk membuat doh yang padat tetapi lentur.
c) Uli sebentar ke dalam kek berdiameter 6 inci, kerjakan doh sesedikit mungkin. Balut dengan kertas lilin dan sejukkan selama 30 hingga 40 minit. Kemudian gulung ke dalam bulatan 10 inci.
d) Pukul dan uli mentega sehingga ia licin sempurna, bebas daripada ketulan, boleh ditempa, namun masih sejuk. Bentukkan segi empat sama 5 inci dan letak di tengah bulatan doh. Angkat tepi doh ke atas mentega untuk menutupnya sepenuhnya. Kedap tepi dengan jari.

e) Tepung sedikit dan canai dengan cepat menjadi segi empat sama rata kira-kira 16 kali 6 inci. Seolah-olah melipat surat, bawa tepi bawah ke atas ke tengah dan tepi atas ke bawah untuk menutupnya, jadikan tiga lapisan sekata.
f) Putar pastri supaya tepi atas berada di sebelah kanan anda, canai doh sekali lagi menjadi segi empat tepat. Lipat tiga, balut dalam kertas lilin dan beg plastik; dan sejukkan 45 minit hingga 1 jam.
g) Ulangi dengan dua lagi gulung dan lipatan; sejukkan lagi, kemudian lengkapkan dua gulung dan lipatan terakhir, jadikan enam kesemuanya. (Ini dipanggil giliran.)
h) Selepas penyejukan terakhir selama 45 hingga 60 minit, doh pastri puff sedia untuk dibentuk. Dibalut dengan selamat, doh boleh disejukkan selama beberapa hari atau mungkin dibekukan.

86. Vol-au-Vent / Cangkang Patty Besar

BAHAN-BAHAN:

- Doh puff pastry (resipi sebelumnya)
- Egg glaze (1 biji telur dipukul dengan 1 sudu kecil air)

ARAHAN:

a) Gulungkan doh pastri puff yang telah disejukkan menjadi segi empat tepat kira-kira $\frac{3}{8}$ inci tebal, 18 inci panjang dan 10 inci lebar. Potong 2 bulatan tujuh hingga lapan inci dalam doh, tengahkannya dengan baik pada pastri supaya ia tidak menyentuh tepi.

b) Tuangkan air sejuk di atas loyang. Letakkan satu bulatan doh di tengah, cat di sekeliling lilitan atasnya dengan air sejuk. Potong bulatan 5 hingga 6 inci dari tengah bulatan kedua, dengan itu membuat cincin dan bulatan yang lebih kecil. Letakkan cincin di tempatnya pada bulatan pertama, kedap dua keping doh bersama-sama dengan jari anda. Anda kini mempunyai silinder rata dua lapisan. Cucuk seluruh bahagian tengah lapisan bawah dengan garpu, supaya bahagian tengah tidak naik semasa membakar.

c) Gulungkan bulatan yang lebih kecil dan potong menjadi bulatan 7 hingga 8 inci untuk membentuk penutup untuk silinder pastri. Basahkan bahagian atas silinder dengan air sejuk, dan tekan bulatan terakhir di tempatnya.

d) Tutup tiga lapisan doh bersama-sama dengan tepi belakang pisau, pegang secara menegak dan tekan lekukan ke tepi doh setiap $\frac{1}{8}$ inci sepanjang jalan. Sejukkan selama 30 minit sebelum dibakar. Sejurus sebelum membakar, cat bahagian atas dengan sayu telur, dan lukiskan garis garpu di atas permukaan berlapis untuk membuat tanda silang hiasan.

e) Bakar selama 20 minit di aras tengah ketuhar 400 darjah yang telah dipanaskan terlebih dahulu. Apabila ketinggian kira-kira tiga kali ganda dan mula berwarna perang dengan baik, kecilkan api kepada 350 darjah dan bakar 30 hingga 40 minit lebih lama, sehingga bahagian tepi berwarna perang dan garing.

f) Potong di bawah penutup atas, keluarkan dan gali pastri yang belum dimasak daripada cangkerang dengan garpu. Bakar tanpa penutup 5 minit lagi untuk mengeringkan bahagian dalam, kemudian sejukkan di atas redai. Panaskan semula selama beberapa minit pada 400 darjah sebelum dihidangkan dengan apa-apa inti panas yang telah anda pilih.

87. Krim Chantilly / Krim Dipukul Ringan

BAHAN-BAHAN:
- ½ pain (1 cawan) krim pekat atau krim putar sejuk
- Mangkuk 3 liter yang sejuk
- Sebat wayar besar, sejuk
- 2 sb gula kuih-muih diayak
- 1 hingga 2 sudu besar minuman keras atau 1 sudu kecil ekstrak vanila
- 2 ketebalan kain kasa keju lembap yang telah dibasuh ditetapkan dalam ayak di atas mangkuk

ARAHAN:
Tuangkan krim ke dalam mangkuk sejuk dan pukul perlahan dengan cambuk sehingga krim mula berbuih. Tingkatkan kelajuan pukulan secara beransur-ansur kepada sederhana, dan teruskan sehingga pemukul meninggalkan kesan cahaya pada permukaan krim dan sedikit terangkat dan jatuh akan mengekalkan bentuknya dengan lembut. (Dalam cuaca panas, lebih baik pukul atas ais retak.) Masukkan gula dan perasa yang telah diayak perlahan-lahan. Jika anda membuat krim terlebih dahulu, tukarkannya ke dalam ayak beralaskan kain cheesecloth dan sejukkan; krim akan kekal dipukul, dan cecair lazat yang telah meresap ke dalam bahagian bawah mangkuk boleh digunakan untuk sesuatu yang lain.

88. Crème Renversée Au Karamel / Kastard Karamel Beracuan

BAHAN-BAHAN:
- 5 biji telur (gred AS "besar")
- 4 biji kuning telur
- Mangkuk adunan 2½ liter dan cambuk dawai
- ¾ cawan gula pasir
- 3¾ cawan susu mendidih
- Sebiji kacang vanila yang direndam selama 10 minit dalam susu panas, atau 1½ sudu teh ekstrak vanila
- Acuan silinder karamel 6 cawan atau hidangan pembakar kira-kira 3½ inci dalam
- Satu kuali air mendidih

ARAHAN:
Panaskan ketuhar hingga 350 darjah.

Pukul telur dan kuning dalam mangkuk adunan dengan cambuk dawai; pukul dalam gula secara beransur-ansur. Apabila adunan ringan dan berbuih, pukul dalam susu panas dalam aliran yang sangat nipis. (Pukul dalam ekstrak vanila jika digunakan.) Tapis melalui ayak halus ke dalam acuan karamel. Masukkan dalam periuk air mendidih dan bakar dalam sepertiga bahagian bawah ketuhar yang telah dipanaskan. Untuk memastikan kastard licin, kawal haba supaya air dalam kuali tidak pernah mendidih. Kastard dibuat dalam masa kira-kira 40 minit, atau apabila pisau yang ditusuk ke bawah melalui bahagian tengah keluar bersih.

Untuk menghidangkan hangat, biarkan selama 10 minit dalam periuk air sejuk. Terbalikkan hidangan hidangan hangat ke atas kastard, kemudian terbalikkan kedua-duanya untuk membuka acuan kastard.

Untuk menghidangkan sejuk, biarkan sejuk pada suhu bilik; sejukkan beberapa jam, kemudian tanggalkan acuan.

89. Flaming Soufflé / Crème Anglaise

BAHAN-BAHAN:
- Kulit parut 2 oren
- ⅔ cawan gula pasir
- Mangkuk pengadun
- 6 biji kuning telur
- Mangkuk atau periuk keluli tahan karat
- ¼ cawan rum gelap atau jus oren
- Sebat wayar
- Pengadun elektrik

ARAHAN:
a) Panaskan ketuhar hingga 375 darjah.
b) Tumbuk kulit oren dan gula bersama-sama dalam mangkuk dengan sudu kayu, untuk mengeluarkan sebanyak mungkin minyak oren. Masukkan kuning telur ke dalam mangkuk atau periuk.
c) Pukul gula oren secara beransur-ansur dan teruskan pukul sehingga kuning telur menjadi kuning pucat dan pekat.
d) Pukul dalam rum atau jus oren, kemudian letakkan di atas air yang hampir mendidih dan pukul dengan cambuk dawai (2 pukulan sesaat) sehingga adunan bertukar menjadi krim pekat yang hangat. Ini akan mengambil masa 3 atau 4 minit, dan adunan akan cukup tebal untuk membentuk reben yang perlahan-lahan melarut apabila sedikit dijatuhkan daripada pemukul dan jatuh semula ke permukaan.
e) Keluarkan dari haba dan pukul dalam pengadun elektrik selama 4 hingga 5 minit sehingga sejuk dan pekat.

90. Charlotte Malakoff Au Chocolat

BAHAN-BAHAN:
BISKUT À LA CUILLER (Untuk 24 hingga 30 ladyfingers)
- 2 helai pembakar besar (18 kali 24 inci)
- 1 sb mentega lembut
- tepung
- Beg pastri dengan bukaan tiub bulat berdiameter $\frac{3}{8}$ inci, atau sudu dapur yang besar
- $1\frac{1}{2}$ cawan gula tepung dalam penapis
- Mangkuk adunan 3 liter
- $\frac{1}{2}$ cawan gula pasir
- 3 biji kuning telur
- 1 sudu kecil ekstrak vanila
- 3 biji putih telur
- Secubit garam
- $\frac{1}{8}$ sudu teh krim tartar
- 1 sb gula pasir
- $\frac{2}{3}$ cawan tepung kek yang telah dilunturkan

MELAYARI ACUAN PENCUCI CUCI DENGAN LADYFINGERS
- Acuan silinder 2 liter, tinggi 4 inci, jika boleh, dan diameter 7 inci
- Kertas berlilin
- $\frac{1}{3}$ cawan minuman keras oren
- $\frac{2}{3}$ cawan air
- 24 ladyfingers, 4 inci panjang dan kira-kira 2 inci lebar

KRIM ALMOND
- Mangkuk adunan 4 liter
- $\frac{1}{2}$ lb. mentega tanpa garam yang dilembutkan
- 1 cawan gula pasir halus segera
- $\frac{1}{4}$ cawan minuman keras oren
- $\frac{2}{3}$ cawan keping coklat separa manis dicairkan dengan $\frac{1}{4}$ cawan kopi pekat

- ¼ sudu teh ekstrak badam
- 1⅓ cawan serbuk badam (badam rebus dikisar dalam pengisar atau masukkan dalam pengisar daging dengan sedikit gula segera)
- 2 cawan krim berat, sejuk
- Mangkuk dan pemukul sejuk

ARAHAN:
Panaskan ketuhar hingga 300 darjah.
Sediakan lembaran pembakar dengan menggosok perlahan dengan mentega, taburkan dengan tepung, dan mengetuk lebihan tepung. Pasang beg pastri, jika anda menggunakan satu; sediakan gula tepung, dan ukur bahan-bahan lain yang disenaraikan.
Dalam mangkuk adunan, pukul gula secara beransur-ansur ke dalam kuning telur, tambah vanila, dan teruskan pukul selama beberapa minit sehingga adunan menjadi pekat, kuning pucat, dan membentuk reben. Dalam mangkuk yang berasingan, pukul putih telur sehingga berbuih, pukul garam dan krim tartar, dan teruskan pukul sehingga soft peak terbentuk. Taburkan satu sudu besar gula pasir dan pukul sehingga stiff peak terbentuk.
Cedok satu perempat daripada putih telur di atas bahagian atas kuning telur dan gula, ayakan pada satu perempat daripada tepung, dan lipat perlahan-lahan sehingga sebati. Kemudian tambah satu pertiga daripada baki putih telur; ayak pada satu pertiga daripada baki tepung, lipat sehingga separa sebati lagi. Ulang dengan separuh, dan kemudian dengan yang terakhir setiap satu. Jangan cuba mengadun terlalu teliti; adunan mesti kekal ringan dan gebu.
Sama ada dengan beg pastri atau dengan sudu dapur yang besar, buat garisan adunan sekata sepanjang 4 inci, lebar 1½

inci, jarakkan 1 inci pada helaian pastri. Taburkan dengan lapisan gula tepung 1/16 inci. Bakar serta-merta di peringkat tengah dan ketiga atas ketuhar selama kira-kira 20 minit. Ladyfingers dilakukan apabila warna coklat sangat pucat di bawah salutan gula. Mereka harus sedikit berkerak di luar, lembut tetapi kering di dalam. Keluarkan dari lembaran pembakar dengan spatula; Sejukkan di atas rak kek.

Lapik bahagian bawah acuan kering dengan kertas berlilin bulat. Tuangkan minuman keras dan air ke dalam pinggan sup. Satu demi satu, celupkan ladyfingers ke dalam cecair seketika, kemudian toskan di atas rak kek. Susun sebaris ladyfingers tegak di dalam acuan, ditekan rapat, sisi melengkung mereka menentang acuan. Simpan baki jemari yang dicelup.

Pukul mentega dan gula bersama selama beberapa minit, sehingga pucat dan gebu. Pukul dalam minuman keras oren, coklat cair, dan ekstrak badam; teruskan memukul selama beberapa minit sehingga gula tidak lagi berbutir dalam tekstur. Pukul dalam badam. Pukul krim sejuk dalam mangkuk sejuk dengan pemukul sejuk sehingga pemukul meninggalkan kesan cahaya pada krim—jangan pukul lebih daripada ini atau krim mungkin tidak sejuk dengan lancar. Lipat krim ke dalam adunan coklat-badam. Hidupkan satu pertiga daripada adunan ke dalam acuan berlapik, susun di atasnya lapisan ladyfingers, dan teruskan dengan lapisan coklat-almond cream dan ladyfingers, berakhir dengan ladyfingers jika masih ada. Potong mana-mana jari wanita yang menonjol di atas tepi acuan dan tekan bit ke bahagian atas krim. Tutup acuan dengan kertas berlilin, letakkan piring di atas kertas, dan letakkan pemberat di atasnya (contohnya sukatan gelas 2 cawan air). Sejukkan selama 6 jam atau semalaman; mentega mesti sejuk padat, jadi pencuci mulut tidak akan runtuh apabila tidak dibentuk. (Pencuci mulut akan disimpan selama beberapa hari di bawah peti sejuk, atau mungkin dibekukan.)

MENYELESAIKAN DAN MENGHIDANG

Untuk menghidang, keluarkan kertas berlilin dari atas, jalankan pisau di sekeliling tepi dalam acuan, tolak perlahan-lahan untuk mengeluarkan pencuci mulut. Terbalikkan hidangan hidangan yang telah disejukkan di atas acuan, dan terbalikkan kedua-duanya, memberikan sentakan tajam ke bawah supaya pencuci mulut akan jatuh ke atas hidangan. Hiaskan bahagian atas charlotte dengan coklat parut. Sejukkan jika tidak dihidangkan segera.

91. Poires Au Gratin / Pear Dibakar dengan Wain

BAHAN-BAHAN:

Loyang pembakar 2 inci tinggi dan 8 inci diameter
1 sb mentega lembut
3 hingga 4 buah pear yang pejal dan masak
⅓ cawan jem aprikot
¼ cawan vermouth putih kering
2 hingga 3 makaroni basi
2 sb mentega dipotong titik

ARAHAN:

Lumurkan loyang dengan mentega. Kupas, suku, dan inti pir; potong memanjang kira-kira ⅜ inci tebal, dan susun dalam hidangan. Paksa jem aprikot melalui penapis ke dalam mangkuk; campurkan dengan vermouth, dan tuangkan ke atas pear. Hancurkan makaroni di seluruh, dan atasnya dengan titik mentega. Tetapkan dalam ketuhar yang telah dipanaskan pada tahap pertengahan dan bakar selama 20 hingga 25 minit, sehingga bahagian atasnya berwarna perang sedikit. Hidangkan panas, suam atau sejuk dan iringi, jika anda mahu, dengan sebotol krim pekat.

92. Timbale Aux Épinards / Kastard Bayam Mould

BAHAN-BAHAN:
- ½ cawan bawang cincang
- 2 sudu besar mentega
- Periuk bertutup keluli tahan karat atau enamel (bayam akan mendapat rasa metalik jika dimasak dalam kuali logam biasa)
- 2½ hingga 3 paun. bayam segar dipotong dan dicelur selama 3 minit dalam air mendidih; atau 2 bungkusan (10 auns setiap satu) bayam daun beku yang dicairkan dalam air sejuk
- Pisau keluli tahan karat untuk memotong bayam
- ¼ sudu kecil garam
- Cubit setiap lada dan buah pala

TAMBAH MASUK
- 1 cawan susu
- 5 biji telur
- 2 sudu besar mentega
- Mangkuk pengadun
- ⅔ cawan serbuk roti putih basi
- ½ cawan keju Swiss parut
- Garam dan lada
- Acuan cincin 6 cawan atau hidangan soufflé, atau 4 ramekin dengan kapasiti 1½ cawan

ARAHAN:
a) Masak bawang perlahan-lahan dalam mentega. Sementara itu, perah bayam, segenggam kecil pada satu masa, untuk mengeluarkan air sebanyak mungkin. Cincang menjadi puri halus. Apabila bawang empuk, masukkan bayam dan garam, lada sulah dan buah pala.

b) Tutup kuali dan masak perlahan-lahan, kacau sekali-sekala untuk mengelakkan melekat, sehingga bayam lembut (kira-kira 5 minit).
c) Bila bayam sudah masak, masukkan mentega tambahan dan susu. Pukul telur dalam mangkuk adunan, kemudian pukul secara beransur-ansur campuran bayam hangat. Masukkan serbuk roti dan keju, dan perasa yang betul. Tuangkan ke dalam acuan yang telah disediakan.

MEMBAKAR DAN MENGHIDANG

d) Kuali yang mengandungi kira-kira $1\frac{1}{2}$ inci air mendidih
e) Pilihan: sos krim, sos keju ringan atau hollandaise (lihat halaman ini)
f) Panaskan ketuhar hingga 325 darjah.
g) Tetapkan acuan dalam periuk air mendidih (air harus datang $\frac{1}{2}$ hingga $\frac{2}{3}$, cara naik ke dalam acuan), dan letakkan di dalam sepertiga bahagian bawah ketuhar. Bakar selama 30 hingga 40 minit, bergantung pada bentuk acuan, sehingga pisau, dicelup ke tengah kastard, keluar bersih. Biarkan selama 5 minit sebelum dinyalakan, atau panaskan dalam periuk air dalam ketuhar 150 darjah.
h) Untuk membuka acuan, jalankan pisau di sekeliling tepi kastard; terbalikkan hidangan hidangan panas di atas acuan, terbalikkan kedua-duanya dan kastard akan jatuh ke atas hidangan.
i) Kupas kertas lilin dari atas. Tiada sos diperlukan jika timbale adalah untuk menggantikan sayur; jika ia adalah hidangan pertama atau utama, sudukan sos krim, sos keju ringan atau hollandaise di atasnya.

93. Timbale Au Jambon / Kastard Ham Mould

BAHAN-BAHAN:
1½ cawan mee rebus
¾ cawan cendawan, sebelum ini ditumis dalam mentega
⅔ cawan ham rebus
½ cawan bawang, sebelum ini ditumis dalam mentega
Garam dan lada
1 cawan sos krim pekat
½ cawan keju Swiss parut
3 biji kuning telur
1 TB pes tomato
¼ cawan pasli cincang
3 putih telur dipukul kaku
Acuan cincin 6 cawan, hidangan soufflé atau kuali roti, atau 4 ramekin dengan kapasiti 1½ cawan

ARAHAN:
Panaskan ketuhar hingga 325 darjah.
Masukkan mi, cendawan, ham dan bawang melalui bilah sederhana kilang makanan atau pencincang makanan. Pukul adunan dalam mangkuk dengan perasa, sos krim, keju, kuning telur, pes tomato dan pasli. Masukkan putih telur yang telah dipukul dan jadikan acuan atau ramekin yang telah disediakan. Letakkan dalam periuk air mendidih dan bakar selama kira-kira 30 minit, bergantung pada bentuk acuan (acuan cincin akan membakar lebih cepat daripada hidangan soufflé). Timbale dilakukan apabila adunan telah mengembang kira-kira ½ inci dan keperangan di atasnya. Ia akan tenggelam sedikit apabila ia sejuk, tetapi boleh disimpan hangat selama setengah jam sebelum disajikan. Angkat acuan pada hidangan hidangan panas.
SOS DAN HIASAN

Jika anda telah menggunakan acuan cincin, anda boleh mengisi timbale dengan sayur-sayuran hijau yang dimasak; jika tidak, anda mungkin mengelilinginya dengan sayur-sayuran. Sos tomato, sos krim dicampur dengan herba atau sesudu pes tomato, atau sos keju ringan akan sesuai, disudu di atas timbale.

94. Biskut atau Coklat / Kek Sponge Coklat

BAHAN-BAHAN:
- 1 sb mentega lembut
- tepung
- Loyang kek bulat sekeping 8 inci diameter dan $1\frac{1}{2}$ inci dalam
- ⅔ hingga 1 cawan (4 hingga 6 auns) keping coklat separa manis (jumlah yang lebih sedikit memberikan kek yang lebih ringan)
- 1 timbunan Tb kopi segera dilarutkan dalam 2 Tb air mendidih

PENYEBAT KEK
- 3 biji telur (gred AS "besar")
- Mangkuk adunan besar
- ½ cawan gula pasir
- ⅔ cawan tepung kek (ayak terus ke dalam cawan, ratakan dengan pisau dan kembalikan tepung untuk ayak)
- $3\frac{1}{2}$ Tb mentega tanpa garam yang dilembutkan

ARAHAN:
a) Panaskan ketuhar hingga 350 darjah.
b) Letakkan sedikit mentega di dalam kuali kek, canai tepung ke dalam untuk menutup permukaan sepenuhnya, dan keluarkan lebihan tepung. Cairkan coklat bersama kopi, kemudian biarkan sejuk hingga suam.
c) Untuk putih telur: secubit garam, ⅛ sudu teh krim tartar, dan 1 sudu besar gula pasir
d) Pengadun elektrik dengan mangkuk besar dan kecil dan, jika boleh, bilah tambahan (atau 2 mangkuk dan 2 cambuk besar); spatula getah
e) Asingkan telur, letakkan kuning dalam mangkuk besar dan putih dalam mangkuk lain (atau mangkuk kecil pengadun).

Sukat tepung kek, dan tumbuk mentega untuk melembutkannya.

f) Sama ada dengan pengadun anda atau dengan cambuk besar, pukul gula secara beransur-ansur ke dalam kuning telur dan teruskan pukul selama beberapa minit sehingga adunan menjadi pekat dan berwarna limau. Jika anda menggunakan pengadun, pukul dalam coklat cair yang hangat, kemudian mentega; jika tidak, pukul mentega secara beransur-ansur menjadi coklat sehingga halus, kemudian pukul ke dalam kuning dan gula.

g) Dengan pemukul kering bersih atau cambuk dawai yang besar, pukul putih telur sehingga berbuih, kemudian pukul dengan garam dan krim tartar. Teruskan memukul sehingga puncak lembut terbentuk; taburkan gula dan pukul sehingga stiff peak terbentuk.

h) Menggunakan spatula getah, kacau $\frac{1}{4}$ daripada putih telur ke dalam adunan coklat dan kuning telur; apabila separa sebati, ayak pada $\frac{1}{4}$ tepung kek. Lipat dengan cepat dan halus dengan spatula getah; apabila separa sebati, mula lipat dalam $\frac{1}{3}$ baki putih telur. Apabila ini separa sebati, ayakan pada $\frac{1}{3}$ baki tepung dan teruskan dengan itu, berselang-seli dengan tepung dan putih telur, lipat dengan cepat sehingga kesemuanya sebati.

MEMBAKAR

i) Tukar ke dalam kuali kek yang disediakan; condongkan kuali untuk mengalirkan adunan ke atas di sekeliling. Tetapkan segera di aras tengah ketuhar yang telah dipanaskan dan bakar selama kira-kira 30 minit.

j) Kek akan naik sedikit di atas tepi kuali dan bahagian atas akan retak. Ia dilakukan apabila jarum atau garpu, dicucuk ke bawah melalui bahagian tengah kek, keluar bersih; garisan pengecutan yang sangat samar juga akan kelihatan di antara tepi kek dan kuali. Keluarkan dari ketuhar dan biarkan sejuk selama 5 minit, kemudian buka acuan di atas rak kek.

k) Jika kek tidak ais semasa sejuk, bungkus kedap udara dan sejukkan atau bekukan.

95. Crème au Beurre à l'Anglaise / Krim Mentega Kastard

BAHAN-BAHAN:
- Mangkuk adunan 2½ liter
- 4 biji kuning telur
- ⅔ cawan gula pasir
- ½ cawan susu panas
- ½ lb. mentega tanpa garam yang dilembutkan
- Pilihan perisa: 3 Tb rum, kirsch, minuman keras oren atau kopi pekat; atau 1 sudu besar ekstrak vanila; atau ⅓ cawan (2 auns) keping coklat separa manis, cair

GLAZE COKLAT
- 1 cawan (6 auns) keping coklat separa manis
- ¼ cawan kopi

ARAHAN:
a) Letakkan kuning telur dalam mangkuk adunan; pukul gula secara beransur-ansur dan teruskan pukul sehingga adunan pekat dan berwarna limau. Kemudian pukul susu secara beransur-ansur.

b) Tukar ke dalam periuk bersih dan kacau dengan sudu kayu di atas api sederhana sederhana sehingga adunan perlahan-lahan cukup pekat untuk menyalut sudu dengan krim ringan. (Berhati-hati supaya tidak terlalu panas atau kuning telur akan menjadi cair, tetapi adunan mesti pekat.)

c) Tetapkan kuali dalam air sejuk dan kacau sehingga suam; bilas mangkuk adunan dan tapis kastard semula ke dalamnya. Kemudian, menggunakan cambuk dawai atau pengadun elektrik, pukul mentega lembut secara beransur-ansur dengan sudu besar. Pukul dalam perasa.

d) Jika krim kelihatan berbutir, pukul dalam lebih banyak mentega dengan sudu. Sejukkan atau kacau di atas ais hancur, jika perlu; krim harus licin, tebal, dan homogen. (Sisa krim mentega boleh dibekukan.)

MENGISI DAN MENGAIS KEK

e) Apabila kek benar-benar sejuk berus serbuk dari permukaan. Biarkan kek terbalik, kerana anda mahu bahagian tepinya condong ke dalam sedikit. Potong hirisan menegak kecil di tepi kek; ini akan membimbing anda dalam membentuknya semula. Kemudian potong kek separuh melintang. Sapukan lapisan krim mentega $\frac{1}{4}$ inci pada bahagian bawah (dahulu bahagian atas); gantikan separuh masa kedua, selaraskan dua bahagian dengan baji. Sapukan aising pada bahagian atas dan tepi kek, ratakan dengan spatula yang dicelupkan ke dalam air panas, dan pastikan bahagian tepinya condong sedikit ke dalam. Sejukkan sehingga frosting menjadi padat.

GLAZE COKLAT

f) Cairkan kepingan coklat bersama kopi dan biarkan sejuk hingga suam.

g) Letakkan kek sejuk di atas rak di atas dulang dan tuangkan semua coklat ke atas, biarkan ia jatuh ke tepi, yang, jika dilicinkan dengan baik dan sedikit senget, sepatutnya mengambil salutan coklat dengan sempurna.

h) Apabila sayu ditetapkan, pindahkan kek ke dalam pinggan hidangan. (Kek hendaklah disimpan di bawah peti sejuk.)

96. Tarte Aux Pommes / Tart Epal Perancis

BAHAN-BAHAN:
- Sekeping kulit pastri 8 inci yang dibakar separa ditetapkan pada lembaran pembakar mentega
- 3 hingga 4 cawan tebal, sos epal tidak berperisa
- $\frac{1}{2}$ hingga $\frac{2}{3}$ cawan gula pasir
- 3 sudu besar brendi epal, cognac atau rum, atau 1 sudu besar ekstrak vanila
- Kulit parut 1 lemon
- 2 sudu besar mentega
- 2 hingga 3 epal, dikupas dan dipotong menjadi kepingan memanjang $\frac{1}{8}$ inci
- $\frac{1}{2}$ cawan jem aprikot, ditapis, dan direbus hingga 228 darjah dengan 2 Tb gula

ARAHAN:
Panaskan ketuhar hingga 375 darjah.
Kacau $\frac{1}{2}$ hingga $\frac{2}{3}$ cawan gula ke dalam sos epal, tambah minuman keras atau vanila dan kulit lemon. Didihkan, kacau kerap, sehingga sos cukup pekat untuk disimpan dalam jisim dalam sudu. Kacau mentega, dan putar sos epal ke dalam cangkerang pastri, mengisinya hampir ke penuh. Susun hirisan epal mentah yang bertindih rapat di bahagian atas dalam bulatan sepusat. Bakar selama 30 minit dalam ketuhar yang telah dipanaskan. Buka acuan tart pada pinggan hidangan; cat bahagian atas dan sisi dengan jem aprikot hangat. Hidangkan panas, suam atau sejuk disertai, jika anda mahu, dengan krim disebat ringan.

97. Biskut Roulé a l'Orange Et Aux Amandes

BAHAN-BAHAN:
PERMULAAN
- 3 sudu besar mentega
- Loyang jeli atau kek, diameter 11 inci, panjang 17 inci dan dalam 1 inci
- tepung
- ⅔ cawan gula pasir
- 3 biji telur
- Kulit 1 oren (parut ke dalam mangkuk adunan yang mengandungi kuning)
- ⅓ cawan jus oren yang ditapis
- ¾ cawan badam yang ditumbuk halus (kisar dalam pengisar elektrik, atau masukkan melalui pengisar daging dengan sebahagian daripada ⅔ cawan gula pasir)
- ¼ sudu teh ekstrak badam
- ¾ cawan tepung kek biasa yang telah diluntur (letak cawan sukatan kering di atas kertas berlilin, ayak tepung terus ke dalam cawan, dan sapu limpahan dengan pisau bermata lurus)
- Sedikit ¼ sudu teh krim tartar
- Secubit garam
- 1 sb gula pasir
- 1½ sudu besar mentega cair
- Gula tepung dalam penapis

ARAHAN:
Panaskan ketuhar hingga 375 darjah dan letakkan rak di aras tengah. Cairkan mentega dan biarkan sejuk hingga suam: sebahagian untuk kuali, sebahagian untuk kek. Cat bahagian dalam loyang dengan mentega cair, dan lapik dengan sekeping kertas berlilin 12 kali 21 inci, biarkan hujungnya melepasi

tepi loyang. Mentegakan kertas, canai tepung di atasnya, tutup seluruh permukaan dalam, dan buang lebihan tepung.

MENCAMPURKAN adunan KEK

Menggunakan cambuk dawai yang besar, pukul gula secara beransur-ansur ke dalam kuning telur dan kulit oren; pukul dengan kuat selama satu atau dua minit sehingga adunan menjadi pekat dan kuning pucat. Pukul jus oren, kemudian badam, ekstrak badam, dan tepung.

Pukul putih telur seketika pada kelajuan sederhana; apabila mereka mula berbuih, tambah krim tartar dan garam. Pukul pada kelajuan tertinggi sehingga putih telur membentuk puncak lembut, taburkan gula dan pukul beberapa saat lagi sehingga putih telur membentuk puncak kaku apabila diangkat dengan sudu atau spatula.

Cedok putih telur ke atas adunan kuning. Lipat dengan cepat dan halus, menggunakan spatula getah; apabila hampir sebati, cepat-cepat masukkan mentega suam $\frac{1}{2}$ Tb pada satu masa.

Segera masukkan adunan ke dalam kuali yang telah disediakan, ratakan ke seluruh permukaan. Bang kuali sebentar di atas meja, hingga sekata adunan, dan letakkan di aras tengah ketuhar yang telah dipanaskan.

MEMBAKAR

Bakar selama kira-kira 10 minit. Kek dibuat apabila hampir tidak mula berwarna, apabila bahagian atasnya sedikit kenyal atau span jika ditekan dengan jari, dan apabila garis pemisahan yang samar menunjukkan antara kek dan sisi kuali. Jangan terlalu masak, atau kek akan pecah apabila digulung; ia mesti lembut dan span.

MENYEJUKKAN DAN MENYELESAIKAN

Keluarkan dari ketuhar dan taburkan bahagian atas kek dengan lapisan gula tepung 1/16 inci. Tutup dengan sehelai kertas lilin. Bilas tuala dalam air sejuk, peras, dan letakkan di atas kertas lilin. Terbalikkan kek dan biarkan sejuk selama 20 minit.

Untuk membuka acuan, longgarkan lapisan kertas pada satu hujung kuali. Pegang kertas rata di atas meja, angkat kuali secara beransur-ansur, bermula pada hujung kertas yang longgar. Keluarkan kertas dengan berhati-hati dari sisi panjang kek, kemudian kupas bahagian atasnya. Potong tepi coklat di sekeliling kek; mereka akan retak apabila digulung. Kek kini sedia untuk diisi, yang perlu dilakukan dengan segera.

98. Farce Aux Fraises Cio-Cio-San

BAHAN-BAHAN:

- 4 cawan strawberi segar yang dihiris dan kira-kira $\frac{1}{2}$ cawan gula; atau 3 bungkusan sepuluh auns beku strawberi yang dihiris, dinyahbeku dan ditoskan
- 2 TB vermulut putih kering
- 2 sudu besar cognac, minuman keras oren atau kirsch
- 2 bungkusan (2 Tb) serbuk gelatin tidak berperisa
- $\frac{2}{3}$ cawan hirisan badam
- $\frac{1}{2}$ cawan kumquat yang diawet dalam sirap, dibiji dan dipotong dadu
- Cadangan hiasan: gula tepung, hirisan badam dan kumquat, atau gula tepung dan strawberi penuh

ARAHAN:

Jika anda menggunakan strawberi segar, masukkannya ke dalam mangkuk dengan gula dan biarkan selama 20 minit. Masukkan wain dan minuman keras dalam periuk kecil, tambah $\frac{1}{4}$ cawan jus strawberi, dan taburkan pada gelatin. Biarkan empuk selama beberapa minit, kemudian kacau dengan api untuk melarutkan gelatin sepenuhnya. Lipat ke dalam strawberi, bersama dengan badam dan kumquat yang dipotong dadu. Sejukkan atau kacau atas ais sehingga pekat, kemudian sapukan ke atas kek.

Gulung kek sama ada dari hujung pendek atau panjang, bergantung kepada sama ada anda lebih suka gulungan panjang atau lemak; gunakan lapisan bawah kertas berlilin untuk membantu anda semasa anda menyelak kek ke atas dirinya sendiri.

Pindahkan kek ke papan hidangan atau pinggan; tutup dengan kertas berlilin dan sejukkan jika tidak dihidangkan segera. Sejurus sebelum dihidangkan, taburkan gula tepung (kertas lilin diselitkan di bawah tepi dan hujung akan memastikan papan hidangan sentiasa kemas), dan hias dengan badam dan kumquat, atau strawberi. Iringi, jika anda mahu, dengan lebih banyak strawberi dan krim putar manis.

99. Meringue Itali

BAHAN-BAHAN:

- 3 biji putih telur
- Pemukul elektrik
- Secubit garam
- Sedikit ¼ sudu teh krim tartar
- 1⅓ cawan gula pasir
- ⅓ cawan air
- Periuk kecil yang berat

ARAHAN:

a) Untuk ini, putih telur perlu dipukul dan sirap gula dimasak pada masa yang sama; bekerjasama jika anda boleh. Anda memerlukan pemukul elektrik untuk putih telur; jika anda mempunyai pengadun dua mangkuk, pukul putih dalam mangkuk kecil, dan pindahkannya ke mangkuk besar apabila anda menambah sirap gula.

b) Pukul putih telur pada kelajuan sederhana seketika sehingga ia mula berbuih; masukkan garam dan krim tartar dan pukul dengan kelajuan pantas sehingga putih telur membentuk puncak kaku apabila diangkat dalam sudu atau spatula.

c) Letakkan gula dan air dalam periuk dan letakkan di atas api. Putar kuali—jangan kacau—perlahan-lahan sehingga gula larut sepenuhnya dan cecair jernih sempurna. Tutup kuali dan rebus dengan cepat, tanpa kacau, seketika atau dua: wap terpeluwap jatuh dari penutup, membasuh bahagian bawah kuali dan menghalang pembentukan kristal. Buka penutup kuali apabila buih mula menebal, dan rebus dengan cepat ke peringkat bebola lembut, 238 darjah.

d) Pukul putih telur pada kelajuan sederhana perlahan, tuangkan sirap gula dalam aliran nipis. Teruskan pukul pada kelajuan tinggi selama sekurang-kurangnya 5 minit, sehingga adunan sejuk. Ia akan menjadi licin satin, dan membentuk puncak kaku apabila diangkat dengan sudu atau spatula.

100. Crème au Beurre à la Meringue / Krim Mentega Meringue

BAHAN-BAHAN:
- 2 cawan (12 auns) keping coklat separa manis dicairkan dengan 3 sudu besar kopi atau rum pekat
- 1 sudu besar ekstrak vanila
- $\frac{1}{2}$ lb. (2 batang) mentega tanpa garam yang dilembutkan

ARAHAN:
a) Pukul coklat cair dan vanila ke dalam campuran meringue yang sejuk. Pukul mentega secara beransur-ansur. Sejukkan krim mentega sehingga konsistensi mudah merebak. (Sisa krim mentega boleh dibekukan.)

MENGISI DAN MENYEBUSKAN LOG

b) Sapukan separuh inti pada lembaran kek span, dan gulung bermula pada salah satu hujung pendek. (Balut dan sejukkan jika anda belum bersedia untuk membekukannya.)

c) Apabila bersedia untuk membeku, potong kedua-dua hujung pada bias, untuk memberikan rupa kayu yang digergaji. Untuk dahan, potong lubang kira-kira $\frac{1}{2}$ inci dalam permukaan kek; masukkan panjang 2 inci dari hujung yang dipangkas. (Jangan buat dahan terlalu panjang, atau ia tidak akan menyokong pembekuan.) Pindahkan kek ke papan hidangan atau hidangan segi empat tepat. Masukkan jalur kertas berlilin di bawah tepi dan hujung kek untuk mengekalkan pembekuan pada papan hidangan anda; keluarkan selepas pembekuan. Kemudian, menggunakan sama ada spatula kecil atau beg pastri dengan tiub reben, tutup bahagian atas dan tepi kek, biarkan kedua-dua hujungnya tidak beku. Hancurkan pembekuan dengan garpu atau spatula untuk memberikan kesan seperti kulit kayu. Sejukkan untuk menetapkan pembekuan.

CENDAWAN MERINGUE

d) Panaskan ketuhar hingga 200 darjah.
e) Letakkan sedikit mentega dalam lembaran pembakar kecil, canai tepung di atas permukaan, dan buang lebihan. Paksa campuran meringue yang disimpan melalui tiub pastri dengan bukaan tiub 3/16 inci atau lepaskan hujung satu sudu teh ke atas loyang, buat kubah ½ inci untuk penutup cendawan dan kon runcing untuk batang. Anda sepatutnya mempunyai 10 atau 12 setiap satu. Bakar selama 40 hingga 60 minit, sehingga anda mendengar meringue berderak perlahan. Ia dilakukan apabila kering, dan apabila ia keluar dari lembaran pembakar dengan mudah. Untuk memasang, tebuk lubang di bahagian bawah setiap penutup, isi dengan krim mentega, dan masukkan batangnya.

SPUN-SUGAR MOSS

f) Susun pemegang penyapu minyak di antara dua kerusi, dan taburkan banyak surat khabar di atas lantai. Didihkan ½ cawan gula dan 3 sudu besar air, mengikut arahan untuk meringue Itali, sehingga gula bertukar warna karamel cerah. Biarkan sirap sejuk beberapa saat sehingga sedikit pekat, kemudian celupkan garpu ke dalam sirap dan lambaikan garpu di atas pemegang penyapu; sirap akan membentuk benang di atas pemegang.

HIASAN AKHIR

g) Tekan gugusan cendawan ke dalam log di mana-mana yang anda fikirkan cendawan perlu tumbuh, dan taburkan dengan serbuk koko yang digoncang melalui penapis. Taburkan sedikit gula tepung di atas kayu balak, untuk memberikan kesan bersalji.
h) Hiaskan dengan holly atau daun, jika anda mahu, dan letakkan lumut gula pintal di tempat yang strategik.

(Hiasan akhir dilakukan sejurus sebelum dihidangkan, kerana log harus berada di bawah penyejukan sehingga saat terakhir.)

KESIMPULAN

Kesimpulannya, pembakar Perancis menawarkan gabungan kesenian dan rasa yang menarik yang memikat deria dan menggembirakan selera. Daripada baguette sederhana kepada mille-feuille yang rumit, setiap pastri menceritakan kisah tradisi berabad-abad lamanya dan minat untuk ketukangan. Dengan menguasai teknik dan menghayati semangat penaik Perancis, anda boleh membawa sentuhan keanggunan dan kepuasan ke dapur anda, mencipta detik yang tidak dapat dilupakan untuk diri sendiri dan orang tersayang anda. Jadi, kumpulkan bahan-bahan anda, panaskan ketuhar anda dan mulakan pengembaraan kulinari yang meraikan daya tarikan abadi patisserie Perancis. Selamat menjamu selera!

www.ingramcontent.com/pod-product-compliance
Lightning Source LLC
Chambersburg PA
CBHW071303110526
44591CB00010B/753